TECNOLOGÍAS EN LA CONSTRUCCIÓN

AUTOR: ENRIQUE CASTILLO ALBA.

AÑO 2010.

ISBN: 978-84-9981-042-3
DL: M-43919-2010
Impreso en España / Printed in Spain
Impreso por Bubok Publishing

A mi esposa, a mis dos hijos y a mis sobrinos Ana, Inma y Carlos.

INDICE

INTRODUCCIÓN	1-2
PRIMERA PARTE	3-4
TEMA 1	5-6
La estructura metálica	7-22
TEMA 2	23-24
El hormigón como elemento fundamental de la Construcción.	25-38
TEMA 3	39-40
Estructuras reticulares planas	41-50
TEMA 4	51-52
Cubiertas y entramados de naves industriales	53-62
TEMA 5	63-64
Clases de aceros laminados y características mecánicas. Determinación de cargas en la estructura metálica	65-84
TEMA 6	85-86
La unión por soldadura de perfiles metálicos	87-98
TEMA 7	99-100
La unión de perfiles metálicos	101-114
SEGUNDA PARTE. Instalaciones complementarias	115-116
TEMA 8	117-118

Acústica en instalaciones de climatización   119-132

TEMA 9   133-134

Instalación de ventilación   135-146

TEMA 10   147-148

Ahorro de energía en instalaciones de edificación   149-162

INTRODUCCIÓN

El avance tecnológico ha sido tan espectacular en las últimas décadas que se aproxima a lo inverosímil. La carrera por descubrir nuevos elementos tecnológicos y darle mil y una aplicaciones hace que el avance técnico no se le vean las metas que podíamos imaginar hace unas décadas.

La actividad productiva y comercial hacen de puente para que nos llegue el producto en las mejores condiciones y con las mejores prestaciones. Es aquí, donde el consumidor expresa sus voluntades y valora el producto, exigiendo la perfección y el avance para que su bienestar y confort sea pleno.

Este libro está dividido en dos partes:

La primera consta de siete temas, en la que trato de dar a conocer las aplicaciones tecnológicas en el campo de la construcción, estudiando distintos elementos constructivos y su funcionalidad en las distintas instalaciones, así como los tipos de estructuras, cubiertas, aceros, determinaciones de cargas en las estructuras metálicas, y la unión de perfiles metálicos.

La segunda parte doy a conocer una serie de instalaciones complementarias dentro de una edificación que hacen que el confort y las buenas condiciones de trabajo sean plenas para alcanzar un máximo rendimiento productivo, así como el posible ahorro energético al que nos debemos de acoger para que la rentabilidad en la actividad sea mayor. Consta de tres temas: acústica, instalaciones de ventilación y ahorro de energía en instalaciones de la edificación.

Incluyo en ambas parte figuras aclaratorias para que el lector entienda el texto con más claridad; así como algunas tablas en las que señalo la relación de elementos y la posibilidad de elegirlos según las instalaciones o las condiciones de trabajo.

PRIMERA PARTE

Enrique Castillo Alba

TEMA 1

LA ESTRUCTURA METÁLICA

1.-INTRODUCCIÓN.

La evolución de la estructura metálica, la producción y consumo nacional y europeo de perfiles y chapas en las últimas décadas ha sido vertiginoso, así como el mercado de la estructura metálica nacional.

La producción y el montaje de la estructura metálica está reglado por la normativa y disposiciones de la construcción metálica en España, así como las normas básicas del Ministerio de la vivienda en la edificación. Igualmente las Normas UNE relacionados con los materiales y ejecución de las estructuras metálicas.

2.-GENERALIDADES SOBRE LA CONSTRUCCIÓN METÁLICA.

2.1 HISTORIA.

El desarrollo de la construcción metálica en España guarda estrecho paralelismo con la disponibilidad de los materiales utilizados en la misma, así como el crecimiento inmobiliario e industrial del país.

La producción de estructuras metálicas a gran escala es un fenómeno relativamente reciente. Hasta finales de la década de los 50 el principal mercado de la estructura metálica estaba constituido por la edificación en altura y los volúmenes de producción eran sumamente cortos.

Es precisamente en esta década, coincidiendo con las medidas de estabilización económica y el ajuste de la paridad monetaria, cuya repercusión en el desarrollo industrial era objeto de indudables expectativas, cuando el Estado español, a través del Instituto Nacional de Industria, constituyo la Empresa Nacional Siderúrgica. La creación de ENSIDESA obedeció, pues, a considerar una oferta suficiente de materiales siderúrgicos que posibilitasen el desarrollo industrial del país.

A mediados de 1.960 entró en funcionamiento el tren estructural de la factoría de Avilés, al que se unieron posteriormente diversas ampliaciones de otras factorías, lo que dio lugar a un importante incremento anual acumulativo de la producción de perfiles pesados hasta nuestros días, tal como se observa en la siguiente relación.

Producción nacional de perfiles pesados.

200 Toneladas..En el año 1.960

400   "   .... "   "   "   1.964

600   "   .... "   "   "   1.966

800   "   .... "   "   "   1.967

1000   "   .... "   "   "   1.971

1200	"	" " "	1.972
1400	"	" " "	1.973
1600	"	" " "	1.977
2000	"	" " "	1.980
2500	"	" " "	1.985
3000	"	" " "	1.990
3500	"	" " "	1.995
4500	"	" " "	2.000
5000	"	" " "	2.005
6000	"	" " "	2.008

Semejante consideraciones se pueden hacer respecto a la producción de chapa gruesa, cuya trayectoria de producción es muy similar a la producción nacional de perfiles pesados.

2.2 SITUACIÓN ACTUAL.

La producción de estructuras metálicas ha seguido caminos sensiblemente paralelos a los de los materiales que consume. No obstante el desglose del mercado de estructuras metálicas ha evolucionado profundamente en las últimas décadas. Así, en los años 80 el principal capítulo estaba constituido por la edificación en altura, mientras que hoy, adquiere importancia decisiva el capítulo de naves industriales y cubiertas, así como también las estructuras para los grandes bienes de equipo (estructuras en centrales térmicas y nucleares, soportes de hornos y de silos, etc.).

Como cifras estimativas se señala que en 1.973 el sector de estructuras metálicas supuso:

Producción total..................................710.000 Toneladas.

Cifras de facturación............................23.430 Millones de pesetas.

Personal empleado...............................17.000 Operarios.

En el año 2005:

Producción total..................................22.010.000 Toneladas.

Cifras de facturación............................ 4.225 Millones de Euros.

Personal empleado...............................527.000 Operarios.

El desglose del mercado de estructuras metálicas en 2008:

Naves industriales y agrícolas, cubiertas..................56,9%.

Estructuras para todo tipo de bienes de equipo.........16,2%.

Edificios..15,9%.

Torres de líneas eléctricas, emisoras y similares.........6,1%.

Otras instalaciones..4,9%.

Existen en nuestro país del orden de 2000 empresas que abordan la actividad de la estructura metálica, aún cuando no sobrepasan de 1000 aquellas que pueden acreditar medios técnicos y financieros de cierta consideración.

La localización geográfica de las empresas más importantes dedicadas a esta actividad, coincide precisamente con las provincias más desarrolladas de las distintas comunidades autónomas. Destacando Asturias, El País Vasco, Cataluña y Madrid.

La producción de estructura metálica en los diversos países de la Comunidad Económica Europea, actualmente está de la forma siguiente:

En primer lugar Alemania, le siguen Francia, Gran Bretaña, España, Italia, Holanda, Bélgica, Austria.....

Es interesante el establecimiento de la producción de estructuras "per. capita" y es de destacar el que España ocupe un situación de privilegio respecto a otros países de la Comunidad Económica Europea, que tiene justificación en el hecho de que una parte notable de la infraestructura industrial, así como del desarrollo inmobiliario y de obras civiles, se ha realizado en los últimos años o se está efectuando actualmente.

Sin embargo, aunque la situación global del consumo respecto a otros países es satisfactoria, no se puede afirmar lo mismo sobre la situación del sector de la construcción metálica. En España existe un excesivo número de empresas, y, además, el grado de concentración de la producción es notablemente inferior a los existentes en el exterior.

Es, asimismo, notable la pequeña dimensión que, en comparación con Europa, tienen las empresas españolas de primera fila. Así, en el exterior existen empresas constructoras con volúmenes anuales de producción muy superiores a las españolas.

3.-NORMATIVA Y DISPOSICIONES SOBRE LA CONSTRUCCIÓN METÁLICA.

3.1. NORMAS UNE.

El Instituto de racionalización y Normalización (IRANOR), dependiente del Instituto Nacional de Investigaciones Científicas produce las Normas UNE. Dentro de la normativa UNE interesa esencialmente la perteneciente a las siguientes Comisiones Técnicas de Trabajo:

CTT 7 "Ensayos". Esta Comisión está dedicada a la elaboración de normas de ensayos de materiales entre los que se cuentan los productos siderúrgicos.

CTT 14 "Soldadura". Esta comisión elabora normas UNE relacionadas con los materiales de aportación, ejecución de las soldaduras, ensayos destructivos y no destructivos, cálculos de las soldaduras, etc.

CTT 36 "Siderurgia". Esta comisión elabora las normas de aceros y de dimensiones y tolerancias de los productos siderúrgicos.

CTT 76 "Estructuras metálicas". Esta comisión de creación más reciente elabora la normativa relacionada con las estructuras metálicas.

3.2. MINISTERIO DE LA VIVIENDA.

El Ministerio de la Vivienda, mediante una serie de disposiciones preceptivas, ha regulado el uso de las estructuras metálicas en el ámbito de su esfera administrativa; es decir, la edificación. Estas disposiciones son las siguientes Normas Básicas MV de obligatoria observancia:

MV-101 "Acciones en la edificación".

MV-102 "Acero laminado para estructuras de edificación"

MV-103 "Cálculo de las estructuras de acero laminado en la edificación".

MV-104 "Ejecución de las estructuras de acero laminado en edificación".

MV-105 "Roblones de acero".

MV-106 "Tornillos ordinarios y calibrados para estructuras de acero".

MV-107 "Tornillos de alta resistencia para estructuras de acero".

MV-108 "Perfiles huecos de acero para estructuras de edificación".

MV-109 "Perfiles conformados de acero para estructuras de edificación".

Además existe el "Pliego de Condiciones Técnicas" de la Dirección General de Arquitectura, obligatorio en las obras dependientes de dicho Organismo.

Se citan, por último, las Normas Tecnológicas de la edificación (NTE) que recogen determinados criterios y soluciones técnicas.

3.3. MINISTERIO DE OBRAS PÚBLICAS.

Este Ministerio tiene una disposición sobre puentes metálicos, Titulada: "Instrucción para el cálculo de los tramos metálicos y previsión de los efectos dinámicos de las sobrecargas en los de hormigón armado".

Dicha Instrucción y, además existe el "Pliego de condiciones Técnicas de la Dirección general de Carreteras, en donde se trata de las obras metálicas.

3.4 MINISTERIO DE INDUSTRIA.

Por el Decreto 3.291/1974, el Ministerio de Industria ha Ordenado el sector de la construcción metálica estableciendo una clasificación obligatoria para todas aquellas empresas que operan en dicho campo.

El Decreto 3.291/74 exige a las empresas determinados requisitos mínimos, tales como disponer de oficina técnica y de medios de controles de ejecución propios o subcontratados. Asimismo, se requiere la homologación obligatoria de todos aquellos operarios que realicen labores de soldeo.

El Decreto establece una clasificación de las empresas en cuatro Grupos (A, B, C, y D), en función de sus capacidades técnicas y de fabricación, y se señalan los trabajos a realizar por cada Grupo. Estas limitaciones de los trabajos tienen carácter obligatorio para las obras de la Administración y carácter indicativo y aconsejable para las obras privadas.

En la clasificación de empresas dedicadas a la construcción metálica, España ha seguido medidas paralelas realizadas en otros países europeos (DIN 8.537 en Alemania y el "Organismo profesional de calificación y clasificación de la edificación y sus actividades anexas", en Francia).

4.-NORMAS UNE RELACIONADADAS CON LOS MATERIALES Y EJECUCIÓN DE LAS ESTRUCTURAS METÁLICAS.

Ensayos.

UNE 7-014 Determinación cuantitativa del carbono en los aceros en la construcción.

UNE 7-017 Determinación de la dureza en productos de acero por el método Brinell.

UNE 7-019 Determinación cuantitativa del azufre en los aceros empleados en la construcción.

UNE 7-027 Determinación cuantitativa del manganeso en los aceros empleados en la construcción.

UNE 7-028 Determinación gravimetría del silicio en los aceros y fundiciones.

UNE 7-029 Determinación cuantitativa del fósforo en los aceros empleados en la construcción.

UNE 7-246 Determinación de la resistencia a cortadura de roblones y tornillos de acero.

UNE 7-053 Ensayo de dureza en productos de acero por le método Rockwell.

UNE 7-054 Determinación de la dureza en productos de acero por el método Vickers.

UNE 7-194 Ensayos de tracción de alambres de acero.

UNE 7-195 Ensayo de doblado alternativo de alambres de acero.

UNE 7-262 Ensayo de tracción para productos de acero.

UNE 7-248 Determinación espectrofotocolorimétrica del fósforo en aceros y fundiciones.

UNE 7-264 Conversión de alargamientos de acero.

UNE 7-266 Ensayo de tracción de tubos de acero.

UNE 7-278 Inspección de chapas por ultrasonidos.

UNE 7-280 Determinación del tamaño de grano de aceros.

UNE 7-282 Toma y preparación de muestras y probetas de productos de acero laminado y forjado.

UNE 7-290 Ensayo de flexión por choque con probeta entallada de productos de acero.

UNE 7-292 Ensayo de doblado simple de productos de acero.

UNE 7-326 Determinación de la carga de rotura atracción de cables y cordones de acero.

UNE 7-330 Ensayo de torsión simple de alambres de acero.

UNE 7-334 Determinación del nitrógeno en aceros de fundiciones.

UNE 7-349 Determinación de carbono en aceros y fundiciones.

UNE 7-354 Determinación espectrofotocolorimétrica del contenido de manganeso en aceros y fundiciones.

Soldadura.

UNE 14-001 Electrodos para soldadura y corte por arco. Definiciones.

UNE 14-002 Electrodos revestidos para soldadura manual por arco de acero para construcción. Medidas.

UNE 14-003 Simbolización para la identificación de electrodos para el soldeo por arco manual descubierto de aceros no aleados y débilmente aleados.

UNE 14-009 Signos convencionales en soldadura.

UNE 14-010 Examen y calificación de los operarios destinados a trabajos de soldeo eléctrico por arco, en las estructuras de acero.

UNE 14-011 Calificación de las soldaduras por análisis radiográfico. Defectos de las uniones soldadas.

UNE 14-022 Ensayos de tracción y resistencia para la identificación de electrodos para el soldeo manual.

UNE 14-035 Cálculo de cordones de soldadura solicitados por cargas estáticas.

UNE 14-038 Método de ensayo para la determinación del rendimiento y del coeficiente de depósito de electrodos revestidos.

UNE 14-041 Indicadores de calidad de imagen radiográfica (I.C.I.).

UNE 14-044 Instrucciones para la inspección de las construcciones de estructuras de acero.

UNE 14-050 Clasificación de defectos en las soldaduras por fusión de metales.

UNE 14-051 Definición de soldar.

UNE 14-204 Simbolización para la identificación de alambres macizos para el soldeo al arco eléctrico, en atmósferas protectoras, de aceros no aleados y débilmente aleados.

UNE 14-401 Valores límites de gargantas de soldaduras de ángulo en uniones y perfiles.

UNE 14-402 Cálculo de soldaduras de ángulo solicitadas por esfuerzos estáticos e manera que su sección transversal no esté sometida a tensión normal.

UNE 14-403 Cálculo y diseño de uniones soldadas a tope.

UNE 14-501 Calificación de soldadores para trabajos de soldadura de usos generales.

UNE 14-602 Recomendaciones para el uso de los indicadores de calidad de imagen radiográfica.

UNE 14-603 Principales términos radiográficos concernientes a la soldadura. Terminología.

UNE 14-604 Prácticas recomendadas para el examen radiográfico de las soldadas a tope por fusión, en chapas de acero de espesor inferior a 50 mm.

UNE 14-605 Prácticas recomendadas para el examen radiográfico de las soldaduras a tope por fusión en chapas de acero de espesor entre 50 mm y 200 mm.

UNE 14-606 Ensayo de tracción transversal de las uniones soldadas a tope por fusión.

UNE 14-609 Ensayo de tracción longitudinal sobre probetas cilíndricas tomadas del metal de aportación en las uniones soldadas a tope por fusión.

UNE 14-610 Examen de partículas magnéticas para uniones soldadas.

UNE 14-611 Bloque de calibrado para el examen ultrasónico de piezas de acero.

UNE 14-612 Práctica recomendada para el examen de las uniones soldadas mediante la utilización de líquidos penetrantes.

UNE 14-613 Examen por ultrasonido de uniones soldadas.

Productos de acero.

UNE 36-528   Productos de acero. Perfil HEA.

UNE 36-529   Productos de acero. Perfil HEM.

UNE 36-531   Productos de acero. Angulares de lados iguales. Mediadas y tolerancias.

UNE 36-532   Productos de acero. Angulares de lados desiguales. Medidas y tolerancias.

UNE 36-533   Productos de acero. Perfil. T.

UNE 36-537   Productos de acero. Perfiles huecos. Medidas y tolerancias.

UNE 36-541   Productos de acero. Redondo para uso general.

UNE 36-542   Productos de acero. Cuadrado para uso general.

UNE 36-543   Productos de acero. Pletinas y barras rectangulares laminadas en caliente. Medidas y tolerancias.

UNE 36-553 Productos de acero. Fleje laminado en caliente y pletina cortada de fleje. Tolerancias de dimensiones.

UNE 36-559   Productos de acero. Chapas laminadas en caliente por procesos discontinuos. Tolerancias de dimensiones.

UNE 36-560 Bobinas de banda ancha, laminada en caliente por procesos discontinuos. Tolerancias de dimensiones.

UNE 36-703   Designación de los cables de acero.

UNE 36-710   Cables de acero para usos generales.

UNE 36-543 Productos de acero. Barras rectangulares. Mediadas y tolerancias.

UNE 36-547 Productos de acero. Hexagonal. Medidas y tolerancias.

UNE 36-711 Condiciones generales técnicas de suministro y recepción de cables de acero.

UNE 36-712 Alambres para cables de acero no aleado.

UNE 36-714 Cables de acero para teleféricos y funiculares.

Estructura metálica.

UNE 76-001 Elección de acero en estructuras soldadas.

UNE 76-002 Acero laminado para estructuras metálicas.

UNE 76-100 Tolerancias de estructuras metálicas de edificios de varias alturas.

UNE 76-101 Ejecución de estructuras metálicas.

UNE 76-201 Caminos de soldadura de puentes-grúa.

TEMA 2

EL HORMIGÓN COMO ELEMENTO FUNDAMENTAL DE LA CONSTRUCCIÓN.

1.- INTRODUCCIÓN.

Una de las primeras necesidades del ser humano es la construcción de su vivienda como elemento de protección y resguardo. Desde tiempos muy remotos se ha construido de muy diferentes formas y con una amplia gama de materiales y medios, que se han ido modernizando y adecuando a las necesidades de la época.

El hormigón es un aglomerante imprescindible en la actualidad para la construcción. Existe una diversidad de hormigones que se diferencia entre sí por su resistencia en obra; y que dependiendo de la situación donde se van a colocar hay que darle una u otra resistencia.

El hormigón está formado por: **cemento, arena, grava y agua.** Estos cuatro elementos se mezclan en volúmenes y no en pesos, dando una masa homogénea que será más rica si lleva más volumen de cemento; de esta forma, se consiguen distintos tipos de hormigón, con diferentes resistencias.

El hormigón trabaja muy bien a esfuerzos de compresión y muy mal a esfuerzos de tracción.

2.-TIPOS DE HORMIGÓN:

El hormigón en masa.

Está compuesto por: agua, arena, grava y cemento, en proporciones adecuadas según la resistencia que se quiere conseguir y lógicamente ésta resistencia va a estar en función de donde situemos el hormigón fabricado. El hormigón en masa se emplea en cimentaciones, muros de carga, planchas de cimentaciones, forjados etc.

El hormigón ciclópeo.

Está compuesto por los mismos componentes que el hormigón en masa, pero añadiéndole piedra de diferentes tamaños. Generalmente éste tipo de hormigón se emplea para cimentaciones, de edificaciones rurales.

El hormigón de limpieza.

Éste hormigón lleva mucha agua en proporción con los demás aglomerantes. Se utiliza en la base de las cimentaciones para equilibrar las superficies horizontales, donde después se cargarán otros elementos estructurales.

El hormigón pretensado.

Está formado por hierro más hormigón en masa. Se obtiene cuando el hierro se somete a esfuerzos de tracción durante el fraguado del hormigón y después se dejan de aplicar los esfuerzos de tracción. El hierro y el hormigón quedan sometidos a esfuerzos internos muy favorables para soportar diferentes cargas estructurales. Su mayor aplicación está en las vigas de los forjados.

El hormigón armado.

También está compuesto por los mismos componentes que el hormigón en masa, pero además está mezclado con redondos de hierro, que hacen que el hormigón trabaje mucho mejor a los esfuerzos de tracción. Se suelen colocar en cimentaciones, muros de carga y planchas de cimentaciones.

3- DOSIFICACIÓN DEL HORMIGÓN.

La dosis del hormigón se realizará respetando dos limitaciones:
- La cantidad mínima de cemento por metro cúbico de hormigón será de 150 Kg. en caso de hormigones en masa; de 200 Kg. en caso de hormigones ligeramente armados y de 250 Kg. en caso de hormigones armados.

- La cantidad máxima de cemento por metro cúbico de hormigón será de 400 Kg. En casos excepcionales previa justificación experimental y autorización expresa del Director de Obra se podrá superar ese límite.

4. FABRICACIÓN DEL HORMIGÓN.

Para la fabricación del hormigón, el cemento y los áridos se medirán en volumen. Se recomienda comprobar sistemáticamente el contenido de humedad de los áridos, especialmente el de arena, para corregir, en caso necesario, la cantidad de agua directamente vertida en la hormigonera.

Se amasará el hormigón de manera que se consiga la mezcla íntima y homogénea de los distintos materiales que lo componen, debiendo resultar el árido bien recubierto de pasta de cemento. En general, esta operación se realizará en hormigonera y con un periodo de batido, a la velocidad de régimen, no inferior a un minuto. Solamente en obras de muy escasa importancia se admitirá el amasado a mano..

5- EL HORMIGÓN EN OBRA.

El transporte se realizará con los procedimientos adecuados para que las masas lleguen al lugar de su colocación sin experimentar variación sensible de las características que poseían recientes amasadas.

El vertido y colocación de las masas se realizará con las debidas precauciones para evitar la disgregación de la mezcla. No se colocarán en obra capas o tongadas cuyo espesor sea superior al que permita una compactación completa de la masa.

La compactación de los hormigones en obra se realizará mediante procedimientos adecuados a la consistencia de las mezclas y de manera tal que se eliminen los huecos y se obtenga un perfecto cerrado de la masa, sin que llegue a producirse segregación.

El hormigo nado en tiempo frío debe suspenderse cuando se prevea que dentro de las cuarenta y ocho horas siguientes pueda descender la temperatura ambiente por debajo de los ceros grados.

El hormigo nado en tiempo caluroso puede crear la evaporización del agua del amasado. Una vez efectuada la colocación del hormigón se protegerá éste del sol y especialmente del viento, para evitar que se deseque. Con temperaturas superiores a 40º C se debe suspender el hormigo nado.

El curado del hormigón consiste en asegurar el mantenimiento de la humedad en el primer periodo de su endurecimiento, y se puede realizar mediante riego directo, sin producir deslavado.

6- RESISTENCIAS MECÁNICAS.

El hormigón es el producto resultante de mezclar un aglomerante, arena, agua y áridos. Una vez fraguados y endurecido presenta buenas resistencias en compresión y muy débiles en tracción: aproximadamente, entre el 7 y el 12 por 100 de la resistencia característica a la compresión en probeta cilíndrica rota o a los 28 días.

Según la Instrucción Oficial, se entiende por resistencia característica a la compresión de un hormigón, en obra: "al valor que se obtiene a partir de una serie de **"n"** ensayos de resistencia sobre probetas al multiplicar por dos la media de los **n/2** resultados más bajos, y restar después la media aritmética del conjunto de los **n** resultados. Con esta definición existe la probabilidad de un 5 por 100, de que el hormigón fabricado en obra, rompa con una tensión inferior a la de su resistencia característica.

Como la Instrucción actual está encaminada al cálculo en la rotura de las secciones de hormigón armado, maneja, exclusivamente, el concepto de resistencia característica del hormigón. Por el contrario, el cálculo de las secciones mixtas se efectúa aún por la teoría elástica, en la que se utiliza como resistencia del hormigón, la que corresponde al valor medio obtenido a partir de una serie de n ensayos de resistencia sobre probetas, rotas a los 28 días de edad. Es decir, sin tener en cuenta la dispersión de los resultados. Las probetas, en general, son cilíndricas o cúbicas; variando los resultados obtenidos, según de una u otra forma, en la proporción aproximada siguiente:

0,8 x Resistencia en probeta cúbica = Resistencia en probeta cilíndrica.

Debido a su escasa resistencia a la tracción, en los cálculos de las secciones de hormigón armado no se considera la colaboración de la zona extendida de hormigón. Igual hipótesis, en general, se efectúa en las vigas mixtas cuando la fibra neutra se desplaza dentro de la cabeza de hormigón. Si el momento es negativo, el hormigón suele quedar traccionado en su totalidad y, por tanto, a efectos resistentes no se considera, por lo que es preciso disponer las armaduras suficientes, o pretensar la cabeza de hormigón para neutralizar las tensiones de tracción.

7- DIAGRAMA DE TENSIONES-DEFORMACIONES.

El hormigón es un material cuyo diagrama tensiones-deformaciones no sigue la ley de Hooke, sino que adopta una ley similar a la que rige para las piedras y rocas según figura.

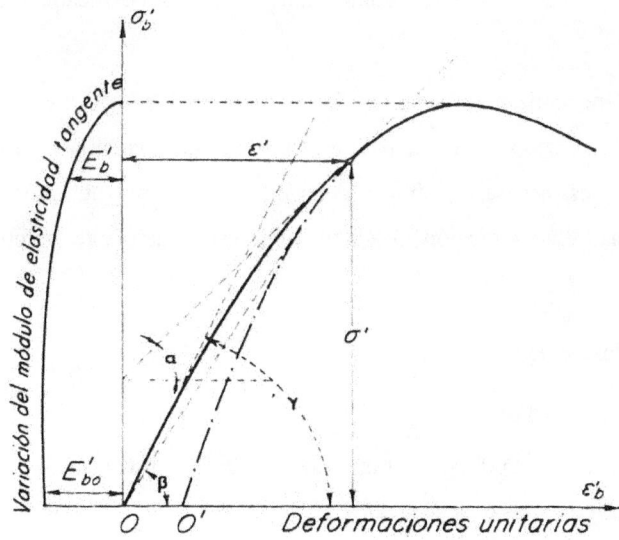

Se conoce por módulo de elasticidades secante para una tensión determinada, al valor de la tangente del ángulo que forma con el eje de deformaciones, la línea que une el origen de coordenadas con el punto del diagrama de tensiones-deformaciones, correspondientes a dicha tensión.

Se denomina módulo inicial, al módulo de elasticidad tangente correspondiente a la tensión nula; en este caso coinciden los módulos de elasticidad tangente y secante.

El diagrama de tensiones-deformaciones depende de muchos factores, entre los que podemos citar: tipo de solicitación, existencia de cargas anteriores, duración de las cargas, edad del hormigón, estado higroscópico del ambiente, naturaleza de los áridos, dosificación, curado etc.

Para realizar los cálculos de las deformaciones de las piezas de hormigón armado, así como para estimar la influencia de la retracción y fluencia, es necesario admitir determinados valores del módulo de elasticidad. La Instrucción Oficial recomienda los siguientes valores:

Para cargas breves:

$E'b$ = 21000 por la raíz cuadrada de la resistencia característica del hormigón y los días de edad.

$E'b$ es la tensión del hormigón en kg/cm2.

Para cargas permanentes:

$E'b$ = 14000 por la raíz cuadrada de la resistencia característica del hormigón y los días de edad. En climas húmedos

$E'b$ = 10000 por la raíz cuadrada de la resistencia característica del hormigón y los días de edad. En climas medios

$E'b$ = 8500 por la raíz cuadrada de la resistencia característica del hormigón y los días de edad. En climas secos.

8- RETRACCIÓN.

El hormigón, desde el punto de vista reológico, es un seudo-sólido, ya que durante su curado y endurecimiento pierde parte del agua capilar, disminuyendo su volumen y peso.

El hormigón, aún sin estar sometido a carga alguna, se deforma espontáneamente. Estas deformaciones son debidas a la humedad del ambiente; así en los hormigones conservados al aire la pérdida por evaporización de parte del agua de adición hace contraer al hormigón, fenómeno que se denomina retracción. Por el contrario, si el endurecimiento del hormigón se efectúa en el agua, se produce un entumecimiento o aumento de volumen

Como orden de magnitud, se indica que la retracción del hormigón en ambientes secos, es de 0,4 mm por metro, y en ambientes medios 0,25 mm por metro. Estos acortamientos se refieren a largo plazo, ya que la retracción es función de la edad del hormigón.

En las vigas mixtas, el hormigón no puede contraer libremente, ya que la pieza metálica, al solidarizarse con el hormigón, coacciona esta deformación; esto da lugar a la aparición de tensiones adicionales que, si bien, en general, no son muy importantes, no por ello puede prescindirse de su evaluación.

La retracción da lugar a tensiones de tracción en la fibra inferior del hormigón y, por el contrario, de compresión en la cabeza de la pieza metálica. Estas tensiones de tracción pueden ser peligrosas para el hormigón si son elevadas y no quedan debidamente neutralizadas por las tensiones, generalmente existentes, de compresión.

Los hormigones ricos en cementos suelen tener más retracción, motivo por el que usualmente se limita su dosificación máxima a 400 kg/m3. También influye, al aumentar la retracción con el calor de hidratación desarrollado durante el fraguado, el tipo de cemento empleado; esto se pone de manifiesto con los cementos aluminosos. El estado higrométrico del ambiente tiene también una gran importancia, incrementándose la retracción a medida que disminuye la humedad relativa; así, para el 60 por 100 de humedad, la retracción es unas tres veces superior que para el 90 por 100. Particularmente importante es el curado del hormigón, recomendándose mantener húmeda su superficie durante tres, siete o quince días, como máximo, según que el conglomerante empleado sea, supercemento, Pórtland normal o cemento de endurecimiento, más lento; esto es debido a que la retracción es más peligrosa en los hormigones de corta edad, al ser sus resistencias todavía muy débiles, por lo que si no se toman medidas especiales (curado) es fácil que se presente fisuras. Además de los factores citados, tienen influencia sobre la retracción, los siguientes: características geométricas de la sección, cuantía de la armadura si el hormigón está armado, exceso de agua de amasado, etc.

9- FLUENCIA.

Las cargas permanentes que actúan sobre el hormigón también contribuyen a la pérdida del agua capilar, lo que origina deformaciones "plásticas" o de "fluencia".

Se puede definir la fluencia como la deformación que experimenta en el tiempo una pieza de hormigón, sometida a carga constante. La fluencia se presenta en el hormigón bajo cualquier tipo de solicitación – compresión, flexión, torsión, etc.-, pero es la fluencia bajo compresión la que tiene mayor importancia.

El fenómeno de fluencia no excluye al de retracción, ambos se presentan simultáneamente y son de la misma naturaleza. Es decir, deformaciones crecientes pero amortiguadas con el tiempo hasta adquirir un estado permanente.

Al igual que la retracción, la fluencia es función del tiempo. Pudiéndose expresarse su variación en el tiempo mediante el mismo coeficiente "p" definido para la retracción.

Las deformaciones plásticas son mayores, cuanto:

- más seco es el ambiente de la construcción;
- menor es el espesor ficticio de la sección;
- mayor es la relación agua / cemento, y más ricas son las dosificaciones;
- menor es la edad del hormigón en el momento de la puesta en carga. Aproximadamente la deformación plástica de una pieza desencofrada a los tres días, es el doble de la que corresponde a la desencofrada a los veintiocho días;
- mayor el es tiempo de aplicación de las cargas.

10.- OBJETIVOS QUE SE QUIEREN CONSEGUIR CON EL ESTUDIO DEL HORMIGÓN.

- Conocer la dosificación del hormigón.
- Saber como se realiza el curado del hormigón.
- Conocer lo que ocurre con el hormigo nado en tiempo frío y en tiempo caluroso.
- Definir la retracción del hormigón.
- Conocer los aglomerantes del hormigón.
- Interpretar el diagrama de Tensión-Deformación del hormigón.
- Diferenciar los valores del módulo de elasticidad para cargas breves y cargas permanentes.

- Definir la fluencia hormigón.

- Diferenciar entre el hormigón armado y el hormigón pretensazo.

- Conocer las diferencias entre el hormigón en masa y el hormigón ciclópeo.

- Diferenciar entre el hormigón que trabaje a tracción y el que trabaje a compresión.

- Explicar cómo se puede corregir que el hormigón trabaje bien a tracción.

TEMA 3

ESTRUCTURAS RETICULARES PLANAS

1.- INTRODUCCIÓN.

Para aligerar el peso de las vigas, nace como alternativa las mallas de perfiles sometidos a esfuerzos axiales debidos, fundamentalmente, a los esfuerzos cortantes.

En la siguiente figura se representa una viga Warren con montantes intercalados que está formada por una cadena de triángulos con un lado común.

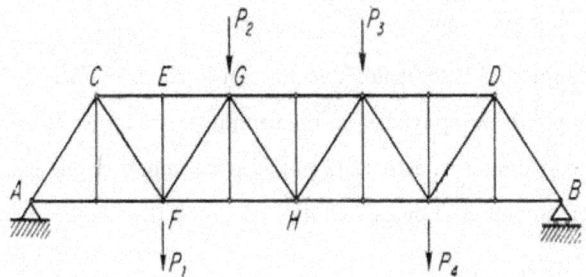

Una estructura reticular plana y articulada consta de piezas rectas unidas en sus extremos mediante articulaciones sin rozamiento. Cuando las cargas exteriores P1, P2, P3... están aplicadas en los nudos y se encuentran contenidas en el plano de la retícula, todos los elementos que constituyen la estructura están sometidos a tracción o compresión axial en virtud de la supuesta falta de rozamiento en las articulaciones.

En la práctica europea y desde hace años en la americana los nudos no son articulaciones, sino que en ellos se disponen cartelas a las que se unen las barras por remachado o soldadura, dando lugar a empotramientos elásticos que originan flexiones en las barras y éstas provocan tensiones que se yuxtaponen a las principales y que se denominan "secundarias". En gran parte de los casos y cuando la estructura está proporcionada, se puede prescindir de las tensiones secundarias por su escasa cuantía.

En las estructuras reticulares se distinguen:

- **Cordón superior:**

Conjunto de elementos que forman la cabeza superior. En las vigas simplemente apoyadas se encuentran sometido a compresión y sus barras limitan la estructura por su parte superior; en la figura anterior corresponde a la pieza ACGDB.

- **Cordón inferior:**

Conjunto de elementos que forman la cabeza inferior -AFHB de la figura-. En vigas simplemente sustentadas está solicitado a tracción.

- **Montantes:**

Son las barras verticales dispuestas en el alma de la viga. En la figura, la pieza EF.

- **Diagonales:**

Son las barras inclinadas dispuestas en el alma de la viga. En la figura, la pieza CF.

2.-¿CÓMO PUEDEN SER LAS ESTRUCTURAS RETICULARES?

Las estructuras reticuladas pueden ser isostáticas o hiperestáticas.

En las isostáticas el número de vínculos que representan las sustentaciones es tal que las reacciones se pueden determinar por las ecuaciones de equilibrio de la Estática. No obstante, para que el sistema sea isostático, también interiormente, ha de cumplirse que entre el número de barras "m" y el número de nudos "n" exista la relación siguiente:

$$m = 2n - 3$$

Así, por ejemplo, en la viga Pratt de la siguiente figura: $m = 33$ y $n = 18$.

Luego: 2x18-3=33.

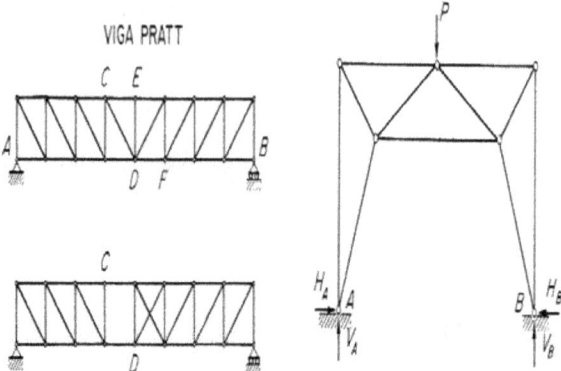

Ésta condición es necesaria, pero no suficiente, pues basta disponer las diagonales CD entre los nudos EF para que siga cumpliéndose la relación anterior, siendo el sistema deformable e interiormente hiperestático.

Un número mayor de piezas conduce a un sistema superabundante (estructura hiperestática).

En estructuras exteriores hiperestáticas sucede que aunque se cumpla la relación anterior (m=2n-3) no puede determinarse las reacciones mediante las ecuaciones de la Estática.

Lo mismo se puede decir de la viga apoyada y empotrada con un voladizo a la derecha del apoyo, que se representa en la siguiente figura.

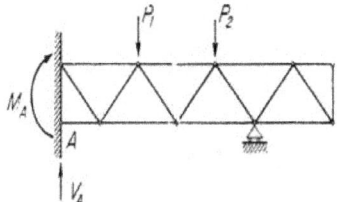 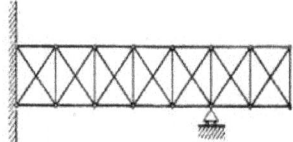

Es suficiente añadir convenientemente una serie de barras como las de la figura de la derecha, para que la estructura, además de ser hiperestática exteriormente, lo sea también interiormente.

En las siguientes figuras se pueden observar algunos sistemas reticulados cuyo grado de hiperestatismo se indica a continuación.

- o La viga Gerber de la figura (a) es exterior e interiormente isostática.
- o La viga continua de la figura (b) es una estructura estáticamente indeterminada de grado dos.
- o El arco de la figura (c) es hiperestático de grado uno.
- o La viga de la figura (d) es ocho veces estáticamente indeterminada en su interior.
- o El pórtico de la figura (e) es hiperestático de grado cinco.

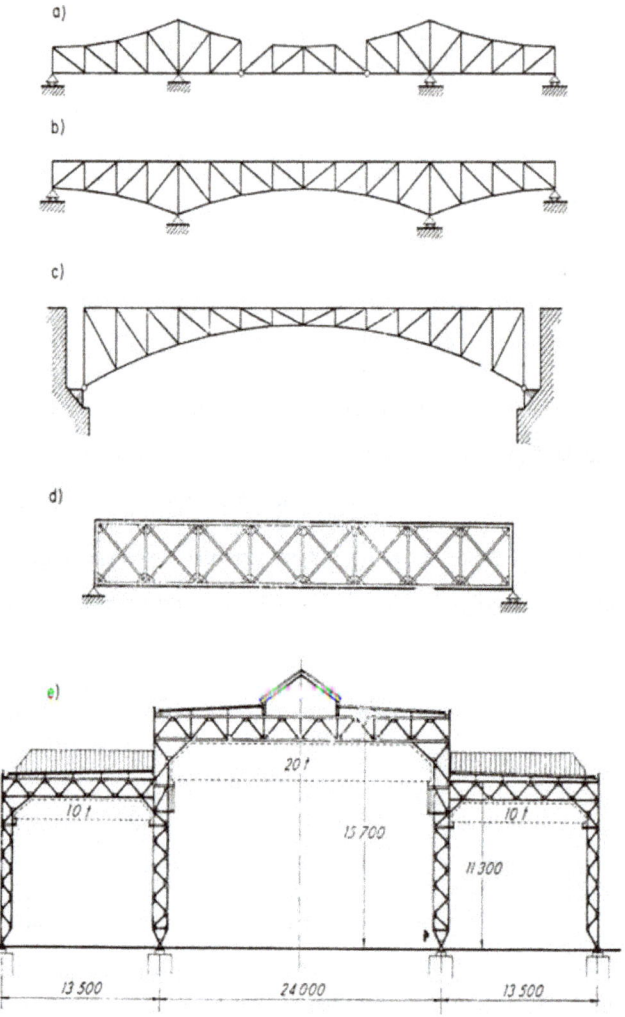

3.- TIPOS DE TRIANGULACIÓN.

Los tipos de triangulación más utilizados en las estructuras usuales son interiormente isostáticos. Es decir, en general han caído en desuso aquellos sistemas con barras en exceso, tales como el Linville, cruces de San Andrés, etc., debido a la dificultad que planteaban para determinar, exactamente, los esfuerzos principales de las barras y las tensiones secundarias.

Los tipos más empleados son los siguientes:

o **Pratt.**

Es adecuado para luces moderadas. Su ventaja principal radica en que las diagonales, que son las barras más largas de las piezas de relleno, están solicitadas, generalmente, a tracción; mientras que los montantes trabajan en comprensión.

o **Howe.**

También se emplea para luces moderadas, si bien tiene como inconveniente las ventajas que atribuimos al tipo Pratt.

o **Warren.**

Se utiliza en luces pequeñas y medianas. Su aspecto es más agradable que las citadas anteriormente, ya que la malla es menos tupida.

- **En K.**

  Es muy apropiada para grandes luces

- **En rombo.**

  También se emplean para grandes luces.

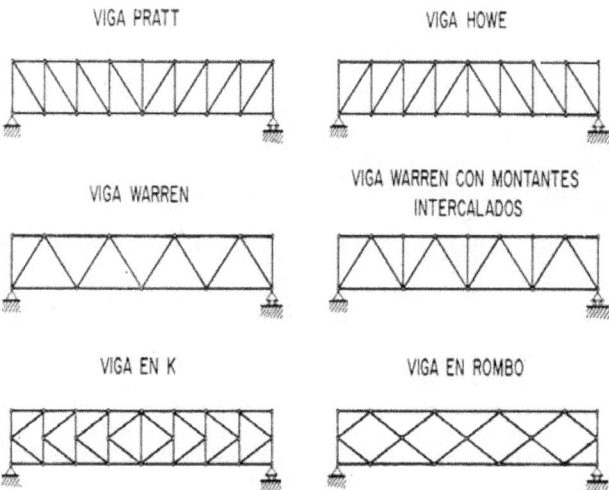

Es conveniente que la inclinación de las piezas de la celosía del alma esté comprendida entre valores que oscilan de 45° a 60°, con objeto de que las tensiones secundarias tengan poca importancia y no se complique, excesivamente, la realización constructiva de los nudos.

El tipo más sencillo de sistema reticular es la viga recta de cordones paralelos. Las vigas en celosía pueden ser también continuas y, además, de sección variable.

También se construyen pórticos y arcos en celosía, utilizándose triangulaciones que corresponden a los tipos Pratt, Howe y Warren.

4.- APLICACIONES

Las estructuras reticuladas tienen aplicaciones numerosas. Se utilizan, en general, como elementos resistentes para cubiertas, vigas principales de edificación y de puentes, bien sean de carretera., de ferrocarril, etc.

TEMA 4

CUBIERTAS Y ENTRAMADOS DE NAVES INDUSTRIALES.

1.- INTRODUCCIÓN.

Los elementos destinados a cubiertas, se presentan en el mercado de distintas formas y de distintos materiales, existiendo una amplísima gama donde elegir según las necesidades de cada edificación.

En este tema quiero realizar el estudio de los elementos de cubierta más usados en la edificación de naves industriales.

Las naves industriales están formadas por paredes laterales, que sirven de cierre perimetral, y una cubierta que constituye el tejado. La organización estructural de la cubierta es función del material que la forma.

2.-TIPOS ESTRUCTURALES DE CUBIERTAS EN NAVES INDUSTRIALES.

a).- El material de cubierta apoya directamente sobre las correas y éstas a su vez apoyan sobre los pórticos o cordones superiores de las cerchas. La separación de las correas va en función de las características resistentes de dicho material.

Las correas transmiten directamente el peso de la cubierta a las cerchas o armaduras, las cuales, a su vez, apoyan sobre pilares metálicos, de hormigón o sobre el muro de cierre si éste es de carga.

Esta disposición se emplea con techumbres ligeras, tales como las de fibrocemento ondulado, aluminio, chapas onduladas galvanizadas, etc.

Con materiales ligeros se consigue un ahorro sustancial en la estructura propiamente dicha, ya que las cerchas pueden salvar, con relativamente poco peso de acero, vanos importantes.

b).- Si los elementos que forman la techumbre son pequeños, tales como tejas curvas o planas, pizarras, cristales de pequeñas dimensiones, etc., es necesario construir un reticulado más denso para la sustentación de estos materiales. En este caso se suele aumentar la separación entre correas, disponiéndose sobre ellas otras piezas denominadas "cabios", sobre los que descansa directamente el material de cubierta.

Si el reticulado así formado resulta todavía demasiado grande, se agregan nuevos elementos que apoyan en los cabios y se denominan "listones".

En este caso las correas deben apoyar sobre los nudos de la cercha, ya que las cargas puntuales que transmiten son grandes, y, en consecuencia, caso de no hacerlo, cobraría extraordinaria importancia las tensiones debidas a los momentos flectores existentes en el cordón superior.

3.- OBJETIVOS QUE QUEREMOS CONSEGUIR CON EL ESTUDIO DE LAS CUBIERTAS DE NAVES INDUSTRIALES.

- Conocer los elementos que forman la techumbre de un edificio.
- Diferenciar entre cabios, listones y correas.
- Conocer las características de los materiales de cubierta.
- Saber elegir los elementos de cubierta más idóneos para las distintas edificaciones.
- Diferenciar entre las planchas onduladas de fibrocemento, las de acero galvanizado, las de aluminio y las placas traslucidas.
- Conocer el elemento fundamental de los componentes de las planchas de fibrocemento, de acero galvanizado, de aluminio y translucidas y sus respectivos espesores.
- Realizar el estudio de otros tipos distintos de tejados que sean capaces de realizar la misma función que las chapas.
- Conocer las características de los siguientes materiales, teja árabe, pizarra y vidrio.
- Describir las ventajas e inconvenientes de los distintos elementos de cubierta para una edificación.

4.- MATERIALES DE CUBIERTA.

El material de cubierta debe poseer las siguientes características: impermeabilidad, larga duración, aislamiento térmico, y, en lo posible, peso reducido. Hoy en día existen en el mercado numerosos materiales que poseen en mayor o menor proporción estas características, siendo necesario, a veces, disponer de más de uno de ellos para lograr las condiciones deseadas. Así, por ejemplo, una cubierta de aluminio es totalmente impermeable, pero posiblemente no alcance el aislamiento térmico requerido, precisándose entonces agregar otro material con el que se consiga esta característica.

La elección del material queda condicionada por razones arquitectónicas, económicas y funcionales. A continuación se enumeran los materiales más utilizados en nuestro país.

A).- PLANCHAS ONDULADAS DE FIBROCEMENTO.

Las planchas apoyan directamente sobre las correas, cuya separación es función de la longitud de la plancha, así como del solape necesario, que a su vez depende de la pendiente del faldón.

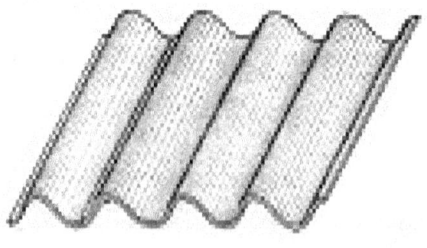

Su campo de aplicación está indicado en naves industriales, almacenes, etc., en las que no se necesite un aislamiento térmico importante, si así fuera, hay que adicionar otro material que cumpla este requisito.

La separación entre las correas oscila alrededor de 1,15 m. Actualmente, con la plancha gran onda de 3,75 m de longitud se disponen las correas a 1,20 m, quedando 15 cm de solape mínimo cuando la inclinación del faldón es superior al 30 por 100.

La unión de la plancha con la correa, que se realiza por medio de ganchos. Para resolver los aleros, caballetes, etc., se emplean piezas accesorias.

En la siguiente figura se representa el caballete articulado de una cubierta a dos aguas adaptable a cualquier pendiente.

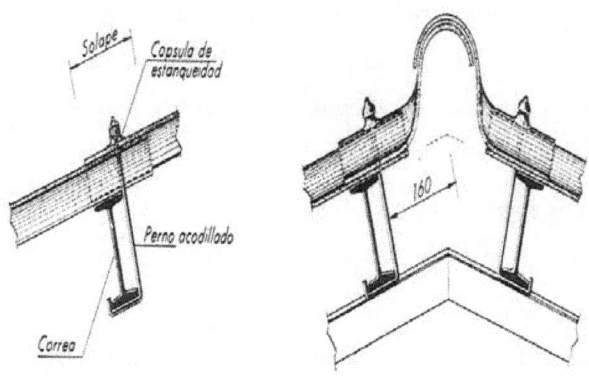

Los fabricantes resuelven todos los detalles constructivos, así como los enlaces de las diferentes piezas que intervienen en la formación de la cubierta.

La pendiente mínima que se suele emplear es del 17 por 100, pues con valores menores, es necesario sellar las juntas de los solapes, para que no entre el agua por ellas. En este caso, se llegan a proyectar techumbres con un 7 ó 10 por 100 de inclinación.

Las planchas de fibrocemento, constituidas por fibras de amianto y cemento son muy ligeras – aproximadamente 16 kg/m2 – y trabajables. Pueden aserrarse, limarse, taladrarse, etc., como si se tratase de madera. Además, son de precio reducido.

B).- PLANCHAS DE ACERO GALVANIZADO.

Las planchas de sección transversal trapezoidal, acanalada, ondulada, etc., apoyan directamente sobre las correas. La separación de correas es función del espesor de la chapa y de la altura de las ondulaciones, oscilan de 1,5 m a 3 m.

Los empalmes transversales y longitudinales se realizan mediante remaches galvanizados, dados en la cresta de la onda.

Las longitudes de las planchas no son fijas, existiendo únicamente un largo máximo de fabricación de 12 m, y suministrándose a medida para dimensiones inferiores a ésta.

El peso a considerar en los cálculos oscila alrededor de los 12,5 kg/m2, incluido los elementos auxiliares de fijación.

C).- PLANCHAS DE ALUMINIO.

Reúnen tres condiciones importantes que son: gran duración, ligereza y resistencia; debido a su resistencia atmosférica se reducen notablemente los gastos de entretenimiento.

La sección transversal de las planchas puede ser ondulada, acanalada, trapezoidal, etc., todas ellas diseñadas para conseguir la máxima resistencia y rigidez con el mínimo peso.

Los espesores varían desde 0,5 mm hasta 2 mm. La separación entre las correas es función de las dimensiones de la ondulación y del espesor de la plancha; oscila de 1 a 3 m y normalmente se distancian alrededor de 1,5 m.

Las placas se fabrican en largos de hasta 12 m, lo que permite ejecutar cubiertas con pendientes muy ligeras por precisarse muy pocos solapes.

Este tipo de techumbre es ligerísimo y los pesos por metro cuadrado varían según el espesor de la placa, de 2 a 4 kilos.

Todos los elementos de sujeción de las chapas con las correas deberán ser de aluminio, o bien: galvanizados o cadmía dos. El sistema de unión con las correas es similar al explicado para las placas de fibrocemento, o galvanizadas; la única diferencia estriba en que hay que interponer entre la cara superior de la correa y el aluminio un aislante, generalmente una tira de corcho, cuya misión es evitar las corrosiones vi metálicas. Existen piezas especiales para resolver los aleros y cumbreras.

D).- PLACAS TRASLUCIDAS.

Para iluminar naturalmente las naves, a través de los faldones, fachadas, etc., existe una variada gama de planchas, fabricadas a base de cloruro de polivinilo, con secciones transversales similares a las estudiadas anteriormente y que permiten combinarse con cerramientos opacos, tales como fibrocemento, lográndose en los faldones y paredes franjas, continuas o alternadas, por las que se da iluminación a las naves.

Las uniones con las correas son similares a las explicadas para las planchas de fibrocemento. La separación de las correas suele oscilar alrededor de 1,15 m. Las planchas se fabrican a medida, con un largo máximo de 12 m.

Son muy ligeras, oscilando su peso de 2 a 3 kg/m2.

E).- OTROS TIPOS DE TEJADOS.

Los materiales citados anteriormente y algunos otros de parecidas características son los más utilizados debido a su poco peso y facilidad de montaje. De aquellos materiales que precisan un reticulado más denso, se comentan a continuación brevemente las características de los más empleados.

La teja árabe o plana, constituida por piezas cerámicas provistas de los salientes y entrantes adecuados para engarzarse unas a otras. Se acoplan directamente a los listones de madera o de acero. La inclinación del faldón debe ser superior a 22°.

Los listones son de madera, generalmente de 25.50.mm, si son de madera; la separación de los cabios suele ser de 1 m y la de las correas de 1,50 a 3m.

La pizarra se utiliza de sección rectangular o cuadrada, con dimensiones de 15.15 cm hasta 60.60 cm.

Para su colocación se agujerean y clavan sobre un enlistonado de madera, dejando un solape, tanto mayor cuanto menor es la pendiente.

La inclinación del faldón debe oscilar entre 25° y 45°.

El vidrio se utiliza para dotar a las naves de iluminación cenital; la inclinación adecuada suele ser de unos 30°.

Las dimensiones normales son: de 51 a 90 cm de ancho, y hasta 300 cm de largo. En general, el vidrio se arma para resistir a la flexión tensiones normales de 100 a 260 kg/cm2, con espesores de 2 a 8 mm.

El vidrio descansa sobre los cabios, cuya separación es función de su ancho.

Cuando la superficie acristalada se sujeta con masilla, los cabios son perfiles "T", colocándose pasadores cada 150 mm para evitar que se levanten los cristales por la acción del viento. El solape de las planchas oscila entre 1 y 12 cm según la inclinación de la cubierta.

Si no se emplea masilla, se utilizan perfiles especiales de elevado módulo resistente para separaciones de correas que pueden alcanzar hasta 5 m. En esta disposición, el apoyo de vidrio es elástico y el cristal no está rígidamente sujeto, intercalándose entre el vidrio y el cobrejuntas superior un elemento impermeabilizante.

TEMA 5

CLASES DE ACEROS LAMINADOS Y CARACTERÍSTICAS MECÁNICAS. DETERMINACIÓN DE CARGAS EN LA ESTRUCTURA METÁLICA.

1.-INTRODUCCIÓN.

El contenido de este tema puede ir dirigido a un curso del Ciclo Formativo de Construcciones Civiles y Edificación, concretamente al Módulo de Proyecto de Obra Civil. El objetivo es ampliar los conocimientos relacionados con los elementos estructurales de la construcción metálica.

Con este tema podemos acercar al alumno a la estructura metálica tan demandada en estos tiempos de diseño, dando a conocer los tipos de aceros, sus características y las distintas solicitaciones a los que están sometidos.

Al alumno se le propone realizar las siguientes actividades referentes al estudio de la estructura de una nave industrial:

* Tipos de perfiles utilizados en los pilares y en la cubierta de la nave industrial.

* Dibujar las secciones de los perfiles de pilares y cubierta.

* Esfuerzos a los que están sometidos los distintos elementos estructurales.

* Tipos de cargas a los que están sometidas los pilares y la cubierta de la estructura.

* Clases de aceros utilizados en pilares y cubierta de la nave industrial.

* Justificación de las soluciones adoptadas en la estructura.

* Clases de cargas o acciones a las que están sometidas los pilares y la cubierta de la nave.

* Especificar la ponderación de carga que corresponda según cada acción en las distintas zonas de la nave industrial.

* Dibujar la estructura con todos sus elementos.

* Propuesta alternativa de la estructura por parte del alumno, que cumpla con los mismos requisitos que la anterior.

2. CONTENIDOS: CLASES DE ACEROS SEGÚN LA NORMA MV- 102.

2.1. CLASES DE ACEROS.

Se definen las clases de acero, por su tipo y grado, según la siguiente relación:

Tipos: A42 y A52.

Grados: b, c, y d.

Tipo (A42)............A42b..........A42c...........A42d.

Tipo (A52)............A52b..........A52c...........A52d.

El acero ordinario para perfiles y chapas es el de la clase A42b. Los aceros de las clases A42c y A42d tienen utilidades específicas en casos de exigencias especiales para soldar o de insensibilidad a la rotura frágil.

Los aceros de la clase A52b tienen su utilización en los casos en que se requieren altas resistencias, y los de las clases A52c y A52d tienen utilización específica en los casos de exigencias especiales para soldar o de insensibilidad a la rotura frágil.

Salvo el acero de la clase A42b, los demás requieren condiciones especiales de pedido y aprovisionamiento.

2.-2.CARACTERÍSTICAS GARANTIZADAS.

Las características mecánicas de cada clase de acero depende:

- Del límite elástico y sus espesores.

- De la resistencia a tracción.

- De los alargamientos de rotura dependiendo de probetas longitudinales o transversales con distintos espesores.

- De la Resiliencia.

Por otra parte los límites de composición química dependen en cada clase de acero:

- Del estado de oxidación.

- De las coladas y sus espesores.

- Del producto.

2.-3.GARANTIA DE LAS CARACTERÍSTICAS.

El fabricante garantiza las características mecánicas y la composición química de los productos laminados que suministra, es decir que cumple todas las condiciones que para la correspondiente clase de acero se especifican.

Esta garantía se materializa mediante las marcas que preceptivamente deben llevar el producto.

3.-CARACTERÍSTICAS MECÁNICAS DE LOS ACEROS LAMINADOS.

Las características mecánicas de los materiales empleados en la construcción metálica, se obtienen por medio de los siguientes ensayos:

3.1. Ensayo de tracción.

Consiste en someter las probetas a dos fuerzas coáxicas crecientes hasta la rotura. Con este ensayo se da a conocer la resistencia de los aceros.

3.2. Ensayo de plegado

El ensayo se realiza doblando la probeta, apoyada sobre dos rodillos, por medio de un mandril, que ejerce la carga sobre su centro. Con ello se averigua la ductilidad de material

3.3. Ensayo de resiliencia.

El ensayo se realiza con una probeta que presenta una entalladura de 2 mm de profundidad, con objeto de que la pieza se rompa por la sección que recibe el impacto. Con este ensayo se mide la fragilidad del metal.

3.4. Ensayo de fatiga.

Consiste en someter las probetas de los aceros a 10 millones de variaciones, ya que resistiendo este número, la experiencia ha demostrado que resisten también 100 ó 200 millones de ciclos.

4.-MODIFICACIONES EN LA NORMA MV 102.

En la norma MV 102-1975 se suprimieron los aceros del tipo A34 y los del tipo A37 porque la industria española ha elegido por razones económicas el tipo A42 como acero básico para los productos laminados que figuran en esta Norma, y el tipo A52 como aceros especiales para dichos productos, que se fabricará en los grados b, c, y d

La Norma reconoce una gama mayor de series de productos y amplía en algunas el número de perfiles que las constituyen. En el año 1975 desapareció la fabricación de perfiles IB. La notación de los perfiles se ha ajustado a la empleada internacionalmente.

Las tolerancias se han completado y se han ajustado a las tolerancias internacionales actuales.

5.-PRODUCTOS LAMINADOS UTILIZADOS.

Entre los más utilizados en la construcción tenemos los siguientes perfiles.

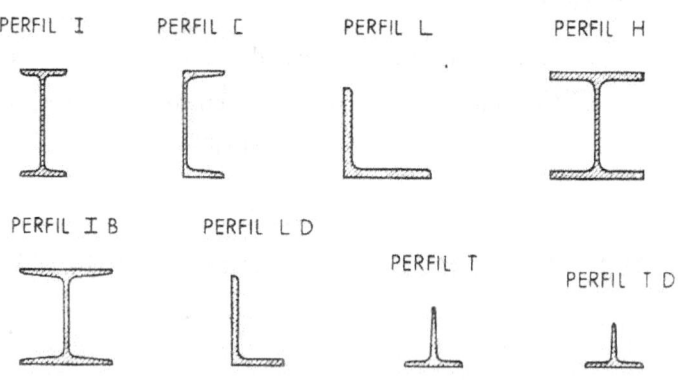

PERFIL IPN.

Su sección tiene forma de I (doble T). Las caras exteriores de las alas son perpendiculares al alma y las interiores presentan una inclinación del 14% respecto a las exteriores, por lo que las alas tienen espesores decrecientes hacia los bordes. Las uniones entre las caras del alma y las caras interiores de las alas son redondeadas. Las alas tienen el borde con arista exterior viva e interior redondeada.

PERFIL UPN

Su sección tiene forma de U. Las caras exteriores de las alas son perpendiculares al alma y las interiores presentan una inclinación del 8% respecto a las exteriores, por lo que las alas tienen espesor decreciente hacia los bordes. Las uniones entre la cara interior del alma y las caras interiores de las alas son redondeadas. Las alas tienen el borde con arista exterior viva e interior redondeada.

PERFIL LD

Su sección tiene forma de ángulo recto, con alas de igual longitud. Las caras de las alas son paralelas y la unión de sus caras interiores es redondeada. Las alas tienen el borde exterior con aristas vivas y el interior redondeado.

PERFIL T

Su sección tiene forma de T. El extremo del ala es redondeado, así como las uniones de la misma con el ala y las aristas interiores de ésta.

Las caras interiores del ala están inclinadas un 2% respecto a las exteriores y las del ala un 2% respecto a su eje.

PERFIL IPE

Su sección tiene forma de I (doble T). Las caras exteriores e interiores de las alas son paralelas y perpendiculares al alma, y así las alas tienen espesor constante. Las uniones entre las caras del alma y las caras interiores de las alas son redondeadas. Las alas tienen el borde con arista exterior e interior vivas. La relación entre la anchura de las alas y la altura se mantiene inferior a 0,66.

PERFILES HE

Su sección tiene forma de I (doble T). Las caras exteriores e interiores de las alas son paralelas y perpendiculares al alma, y así las alas tienen espesor constante. Las uniones entre las caras del alma y las caras interiores, son redondeadas. Estas tienen el borde con aristas exterior e interior vivas.

Los perfiles HE comprenden las tres series siguientes:

- Serie normal............ HEB.
- Serie ligera............. HEA.
- Serie pesada........... HEM.

REDONDO

Su sección es circular, de diámetro comprendido entre 6 mm. y 50 mm.

CUADRADO

Su sección es cuadrada, de lado comprendido entre 6 mm. y 50 mm.

RECTANGULAR

Producto laminado plano de sección rectangular de anchura no superior a 500 mm.

CHAPA

Producto laminado plano de anchura superior a 500 mm. Según su espesor se clasifica en:

- Chapa fina..............inferior a 3 mm.

- Chapa media...........igual o superior a 3 mm. hasta 4,75 mm.

- Chapa gruesa..........Superior a 4,75 mm.

Las chapas suelen emplearse solamente como materia prima para la obtención por corte de elementos planos.

6.-CRITERIOS PARA LA DETERMINACIÓN DE LAS CARGAS Y PROPORCIONAMIENTO DE LAS ESTRUCTURAS.

6.-1.CLASES DE ACCIONES O CARGAS.

En los reglamentos actuales en vigor las acciones o cargas se clasifican en dos grupos:

- Acciones constantes.
- Acciones variables.

Se consideran como cargas o acciones constantes las que actúan o pueden actuar en todo momento o durante largos períodos de tiempo con valor fijo en posición y magnitud. Se incluyen en este tipo:

- La carga. Es decir la carga debido al propio peso.
- Las cargas permanentes entre las que se incluyen también los esfuerzos que se pueden introducir previamente para crear un estado de tensión final más favorable.
- El peso y el empuje del terreno.
- Las acciones térmicas debidas a variación de temperatura.
- Los asientos de las cimentaciones.

Como sobrecargas y acciones variables se consideran:

- Las sobrecargas de uso o explotación variable.
- Las sobrecargas de ejecución que pueden presentarse durante el periodo de montaje y construcción.
- Las acciones del viento.
- La sobrecarga provocada por la nieve.
- Las acciones sísmicas.

Los valores característicos de las sobrecargas que pueden provocar efectos de impacto, se multiplicarán por un coeficiente, salvo justificación especial, de valor:

- 1,50. Para las sobrecargas debidas a la acumulación de personas en locales públicos, a no ser que en el Reglamento o Norma se especifique que el valor de la sobrecarga de explotación se incluye el efecto dinámico.

a). 1,25. Para las cargas debidas a:
- Ascensores.
- Montacargas.
- Puentes-grúa.
- Grúas fijas accionadas eléctricamente.

Este coeficiente puede ser modificado en el caso de ascensores rápidos o de gran capacidad y de puentes-grúa de gran potencia.

  b). 1,10 **Para las cargas originadas por puentes-grúas o grúas:**

   - fijas accionadas a mano.

6.-2. CRITERIOS DE SEGURIDAD.

Hasta los años 80 en todos los reglamentos, la seguridad de una estructura se obtenía obligando a que las tensiones bajo las cargas de servicio no rebasaran las tensiones admisibles deducidas dividiendo el límite de fluencia por un coeficiente de seguridad. La variación del coeficiente de seguridad con el tipo de acciones y su combinación ya introduciría un criterio de probabilidad y de seguridad.

  Más tarde se tendió al igual que se hacía con el hormigón armado, a la comprobación de las secciones en agotamiento con el criterio de que el proyecto y ejecución sean realizados de tal manera que la probabilidad de ruina de la estructura sea aceptable en función de los servicios que ha de prestar y de la importancia de los daños en caso de accidente. Esta probabilidad de ruina define el grado de seguridad de la estructura.

  El procedimiento operativo consiste en comprobar que si se aumentan adecuadamente las cargas (utilizando los coeficientes de ponderación combinación de acciones -caso de carga- indicadas en la tabla I), en ninguna sección se alcanza el agotamiento (límite elástico de

2.600 Kg/cm2), definido en general cuando las tensiones igualan el límite de fluencia garantizado.

De lo expuesto se deduce que la seguridad de la estructura se introducía a través de los coeficientes de ponderación con los que se aumentan las cargas. Estos coeficientes de ponderación tratan de cubrir no sólo los errores en la estimación de las cargas y en sus posibles combinaciones, sino también las hipótesis defectuosas de cálculo y de deficiencias de ejecución. En cuanto al material no se adopta ningún coeficiente de seguridad para los aceros mencionados en la MV-102, ya que tiene asegurado su límite de fluencia. De no ser así ha de introducirse un coeficiente de minoración igual a 1,1 con lo que el límite de fluencia se reduce.

TABLA I

Casos de carga	Clase de acción	Coeficientes de ponderación		
		Desfavorable		Favorable
		Alfa	Beta	
CASO I	Ia. Acciones Cte.	1,33	1,33	1,00
Acciones constantes y	Sobrecarga	1,33	1,50	0,00
combinación de dos	Viento	1,50	1,33	0,00

acciones variables independientes	Ib. Acciones Cte.	1,33	1,33	1,00
	Sobrecarga	1,50	1,50	0,00
	Nieve	1,50	1,50	0,00
	Ic. Acciones Cte.	1,33	1,33	1,00
	Viento	1,50	1,50	0,00
	Nieve	1,50	1,50	0,00
CASO II Acciones constantes y	Acciones constantes	1,33	1,33	1,00
combinación de tres	Sobrecarga	1,33	1,33	0,00
acciones variables	Viento	1,33	1,33	0,00
independientes	Nieve	1,33	1,33	0,00
CASO III Acciones constantes y	Acciones constantes	1,00	1,00	1,00
combinación de cuatro	Sobrecarga	r (1)	r (1)	0,00
acciones variables	Viento	0,25(2)	0,25(2)	0,00
independientes, incluso	Nieve	0,50(3)	0,50(3)	0,00
las acciones sísmicas	Acciones sísmicas	1,00	1,00	0,00

(1) "r" es un coeficiente reductor y que depende de los siguientes casos:

    Caso 1º..... Azoteas, viviendas, hoteles (salvo locales de reunión: r = 0,5

    Caso 2º..... Oficinas, comercios, calzadas y garajes:
r = 0,6

    Caso 3º..... Hospitales, cárceles, edificios docentes, iglesias edificios de reunión y espectáculos y salas de reuniones de hoteles:

r = 0,8

(2). Sólo se considerará en construcciones en situación topográfica expuesta o muy expuesta (Norma MV-101).

(3). En caso de lugares en los que la nave permanece acumulada habitualmente más de tres días: en el caso contrario, el coeficiente será cero.

6.-3. COEFICIENTES DE PONDERACIÓN.

Los coeficientes de ponderación para edificación según la hipótesis de carga, clases de acción, y efecto favorable o desfavorable de las acciones sobre la estabilidad o tensiones se dan en la tabla I, de acuerdo a la norma MV-103.

Se aprecia fácilmente que los coeficientes de ponderación se reducen cuanto mas sobrecargas o acciones variables de origen diferente intervienen debido a la menor probabilidad de su presencia simultáneamente en los valores máximos.

Cuando se emplee el cálculo plástico se utilizaran los coeficientes de ponderación definidos en la tabla I multiplicados por el factor 1,12.

En lo que se refiere a la resistencia de los elementos durante el montaje son de aplicación, los mismos coeficientes de ponderación con las excepciones siguientes:

- a) En operaciones de corta duración, que no comprometan la seguridad del personal ni la estabilidad del resto de la obra, podrán elegirse coeficientes de ponderación iguales a uno, reduciendo de fluencia a 0,9.

- b) Cuando se introduzcan esfuerzos previos favorables podrán reducirse los coeficientes de ponderación siempre que se justifiquen adecuadamente que su ruina o excesiva deformación no compromete la seguridad del resto de la estructura.

Para la determinación de las fuerzas de sección se aplica los procedimientos de cálculos basados en la teoría elástica, con lo que se comete el error- de pequeña cuantía para los aceros empleados en construcción- de extrapolar la constancia del módulo de elasticidad "E" hasta el límite de fluencia; más allá del límite de proporcionalidad.

Otro procedimiento de cálculo más ajustado al comportamiento real de la estructura metálica es el denominado cálculo plástico consistente en la comprobación de la ruina o agotamiento, para cada caso de carga, del sistema estructural por formación del número necesario de roturas plásticas que convierten el sistema en un mecanismo articulado. En este caso los coeficientes de ponderación son los mismos de la tabla I multiplicados por el factor 1,12. Este procedimiento de cálculo se va extendiendo paulatinamente, si bien por el momento su empleo se limita fundamentalmente a vigas continuas y pórticos sometidos a cargas predominantemente estáticas.

Para combinar las cargas hay que tener en cuenta que las sobrecargas pueden actuar o no y que cuando actúan deben elegirse siempre por su valor ponderado; por el contrario, las cargas permanentes intervienen siempre con su valor característico o ponderado según sean favorables o no. Pero sin considerar estas cargas permanentes pueden alcanzar simultáneamente en diferentes partes de las estructuras, valores característicos o ponderados.

Finalmente, se admiten los procedimientos de cálculo basados en las tensiones admisibles y se definen los dos estados de carga a considerar, que son:

a) Estado de Carga I que incluye:

-Cargas permanentes, sobrecargadas de explotación, sobrecarga de nieve, efectos producidos por asientos o movimientos posibles de las sustentaciones y sobrecargas de ejecución.

b) Estado de Carga II, además de las indicadas anteriormente, incluye:

-Acción del viento, efectos térmicos, efectos del frenado y empuje lateral de puentes-grúa y efectos sísmicos.

El coeficiente de seguridad para determinar las tensiones admisibles, consta de dos factores. El primero, "Vac" relativo se podrá tomar igual a la unidad a las estructuras construidas con los aceros que no tengan asegurado su límite de fluencia, el valor "Vac" no será inferior a 1,1. El segundo "V" se refiere a una ponderación de las cargas características y adopta los valores diferentes según las clases de solicitación; así, para el estado de cargas I, es 1,5 y para el estado de cargas II es 1,33; este coeficiente "V", trata de cubrir no solo los errores de la estimación de las cargas, sino también las hipótesis defectuosas de cálculo y deficiencias de ejecución.

Así, pues, las tensiones admisibles se determinan dividiendo el límite de fluencia por el coeficiente de seguridad, que comprende el producto "Vac"x"V". Como "V" adopta dos valores diferentes, se tendrán, también, dos valores distintos de la tensión admisible para cada tipo de acero. Así, para espesores inferiores a 40 mm; se emplearán las tensiones admisibles siguientes:

Para aceros A-52

Tensión admisible I =3600/1x1.5=2400kg/cm2   (estado de cargas I)

Tensión admisible II =3600/1x1,33=2700kg/cm2   (estado de cargas II)

Para aceros A-42

Tensión admisible I = 1.730kg/cm2

Tensión admisible II = 1.950kg/cm2

TEMA 6

LA UNIÓN POR SOLDADURA DE PERFILES METÁLICOS.

1.- INTRODUCCIÓN.

Soldar dos metales de idéntica o parecida composición consiste en unirlos por la acción del calor, directa o mediante la aportación de otro metal, también de idéntica o parecida composición.

En nuestro país, durante estos últimos años, la construcción soldada ha eliminado casi completamente a la remachada, siendo el sistema actualmente más utilizado para hacer la mayoría de las conexiones de acero en las estructuras metálicas.

Mediante las uniones soldadas se consigue, a causa de la eliminación de buena parte de casquillos y ángulos de unión, una economía substancial sobre el remachado. También, por término medio, un soldador sustituye a un equipo de cuatro remachadores, lo que representa todavía un ahorro mucho más elevado.

Por otra parte, las uniones soldadas poseen gran rigidez sin necesidad de disponer casquillos de refuerzo, tan necesarios en el remachado y por tanto complican las uniones.

Entre las desventajas de la soldadura frente al trabajo del remachado, se menciona, generalmente, la dificultad de su inspección y los gastos que origina, así como el inconveniente de encontrar soldadores diestros. También se producen en las uniones mal concebidas tensiones residuales, que pueden llegar a tener gran importancia. Resulta frecuente, si la soldadura no se realiza correctamente, que se alaben los perfiles, como consecuencia de las elevadas temperaturas irregularmente repartidas desprendidas durante el proceso de soldadura.

2.-OBJETIVOS QUE SE QUIEREN ALCANZAR CON EL ESTUDIO DE LAS UNIONES SOLDADAS EN PERFILES METÁLICOS.

- Conocer las ventajas las ventajas de la soldadura frente al trabajo del remachado.
- Diferenciar las soldaduras por fusión de las soldaduras por presión.
- Saber como se realiza la soldadura por arco eléctrico.
- Conocer el sistema moderno de soldadura mediante soldadura automática.
- Diferenciar entre el material base y el material de aportación.
- Conocer los distintos electrodos como material de aportación.
- Diferenciar entre electrodos desnudos y revestidos.

- Saber diferenciar entre una soldadura a tope y una soldadura de cordones.
- Dibujar entre dos perfiles, un cordón de ángulo, frontal, lateral y oblicuo.
- Clasificar los cordones de soldadura según su posición.
- Conocer que tipo de cordones de soldadura se deben de evitar para no crear deformaciones.
- Diferenciar los distintos defectos que se pueden realizar en las soldaduras.

3.- PROCEDIMIENTO DE SOLDADURA.

En las estructuras metálicas se distinguen, fundamentalmente, las soldaduras por fusión y las soldaduras por presión.

En las soldaduras por fusión la acción del calor origina la fusión localizada de las piezas y éstas se unen sin o con la aportación de otro material.

En las soldaduras por presión se calientan las piezas hasta hacerse plásticas, y luego se unen mediante una presión mecánica.

En la construcción metálica se utiliza generalmente la soldadura por arco, consistente en unir dos piezas metálicas al provocarse un arco eléctrico, entre ellas y un electrodo que constituye el metal de aportación.

El electrodo está sujeto mediante una pinza que toma con su mano el soldador; ésta es el polo negativo de un generador, mientras que las piezas a unir forman el positivo. El arco se ceba tocando ligeramente con el electrodo la pieza a soldar y levantándolo inmediatamente después. Si el electrodo se separa bastante, el arco se interrumpe; por eso la buena práctica aconseja una separación máxima equivalente al diámetro del electrodo. Por el contrario, si el arco es demasiado corto chisporretea. Cuando el arco tiene una longitud correcta, el material fluye uniformemente del electrodo, sin que se formen gotas grandes.

El aspecto de las soldaduras es el de una serie de ondas estrechas que se superponen unas a otras. La uniformidad de las ondas depende de la habilidad del soldador.

La temperatura que se desprende durante el proceso es de 3000 a 4000 grados C, lo que hace se funda, tanto el metal base como el extremo del electrodo. Al enfriarse, el conjunto queda formado una pieza única.

Entre los sistemas modernos de soldadura está logrando una gran difusión – avalada por su rendimiento – la soldadura automática. El sistema Ellera, es el que se emplea polvo como protección contra el oxígeno y nitrógeno de la atmósfera. El electrodo de alambre avanza sumergido de manera automática. De igual modo se deposita el polvo contenido por las chapas laterales. Este procedimiento resulta económico en trabajos en serie y con cordones largos.

Actualmente se tiende a los sistemas semiautomáticos que presentan simultáneamente la uniformidad de los procedimientos automáticos y la elasticidad de los procedimientos a mano.

4.-MATERIAL DE APORTACIÓN.

Generalmente, el metal de aportación se consigue por fusión del electrodo. El material de éste debe elegirse de manera que la soldadura obtenida corresponda a las mismas características resistentes que el metal base.

Los electrodos se clasifican en:

a).- Electrodos desnudos. El material fundido no se encuentra protegido contra la acción nociva de los gases de la atmósfera, principalmente oxígeno y nitrógeno. En consecuencia, la soldadura es de inferior calidad. Se utiliza exclusivamente en cordones secundarios y para cargas estáticas.

b).- Electrodos revestidos. Son los que se emplean normalmente en la construcción metálica. El electrodo se encuentra protegido por un revestimiento constituido por diversas sustancias, diferentes según las características que se pretenda dar al material de la soldadura.

El revestimiento se funde al producirse el arco, dando origen a gases que protegen del oxígeno y nitrógeno de la atmósfera, al metal de aportación.

También se forman escorias, que sobrenadan en el metal fundido, lo protegen y al mismo tiempo evitan un enfriamiento demasiado rápido del material. Estas escorias se separan luego con gran facilidad.

Entre los tipos fundamentales de electrodos revestidos podemos destacar, según las características de sus envolventes, los siguientes:

- Electrodos con revestimiento básico.
- Electrodos con revestimiento celulósico.
- Electrodos con revestimiento oxidante.
- Electrodos con revestimiento ácido.

Los electrodos con revestimiento básico, si bien son más difíciles de fundir, son los que proporcionan mejor calidad a la soldadura. Se debe utilizar este tipo de electrodo en aquellas construcciones en las que los cordones de soldadura juegan un papel importante en la seguridad de la obra.

El diámetro de los electrodos suele estar en correspondencia directa con los espesores de las chapas a unir.

El soldador debe operar con voltajes mínimos, es decir, con arcos lo más cortos posibles, pues en esta forma se consiguen las mejores soldaduras.

5.-TIPOS DE CORDONES DE SOLDADURA.

Fundamentalmente existen dos tipos de soldadura:

a).- **Soldadura a tope**. Consiste en unir las chapas situadas en el mismo plano. Sí la soldadura es accesible por un solo lado, se suele realizar sin preparación de bordes, para espesores de chapa inferior a 4 mm. Con espesores superiores a 6 mm se separan los bordes para conseguir una buena penetración de la soldadura sobre el metal.

b) Soldadura de cordones. En este caso no se precisa preparación de bordes, siendo, en consecuencia, mucho más sencillo de ejecutar.

Los tipos de cordones son: de ángulo, ángulo frontal, en ángulo lateral y en ángulo oblicuo.

Estas denominaciones están relacionadas con la posición que ocupa el cordón con relación a la fuerza que actúa sobre la unión. Así:

- Cordón frontal: es aquel cordón cuya dirección es normal a la de la fuerza.
- Cordón lateral: es aquel cordón paralelo a la dirección de la fuerza.
- Cordón oblicuo: es aquel cordón oblicuo a la dirección de la fuerza.

También el mismo cordón con igual espesor "a" de garganta, puede ser: plano, colmado, o ligero. Según las "Reglas CM 66", deben preferirse, en general, los cordones planos y ligeros a los colmados.

Al igual que para la soldadura a tope, es necesario en los cordones de ángulo realizar la soldadura en varias capas. El efectuar varias pasadas mejora la calidad de la soldadura, pues si sobre una onda, ya realizada, se deposita la siguiente, ésta produce un calentamiento que origina algo parecido a una normalización con posible eliminación de tensiones.

También se puede realizar algunas soldaduras especiales de ángulo con preparación de bordes y forma de K.

6.-CLASIFICACIÓN DE LOS CORDONES SEGÚN SU POSICIÓN.

Según su posición durante la ejecución de la soldadura los cordones se clasifican en:

- Cordón plano (1). Es aquel cuya superficie es aproximadamente horizontal y el metal de aportación se vierte desde encima.

- Cordón en ángulo horizontal (2). Es aquel formado en la intersección de un plano horizontal con otro vertical, pero sobre la cara superior del plano horizontal.

- Cordón horizontal (3). Se sitúa en un plano vertical y su dirección es horizontal.

- Cordón vertical (4). Su dirección es aproximadamente vertical.

- Cordones de techo (5) y (6). Pueden ser de ángulo (5) o a tope (6); se sitúa en un plano horizontal, pero por su cara inferior. Los cordones de techo son los más difíciles de realizar.

7.- DEFORMACIONES Y TENSIONES INTERNAS.

Durante los procesos de soldadura existen grandes desprendimientos de calor que dan lugar a dilataciones de la pieza y que tienen como consecuencia deformaciones de la estructura y la aparición de tensiones internas.

La soldadura se realiza en forma de V correspondiente a la unión de dos capas. El cordón, una vez realizado, tiende a contraerse debido a la disminución de temperatura experimentada después de la soldadura. Como esta contracción está en parte impedida por el resto del metal base, sobre el cordón aparecen tensiones de tracción de tal intensidad que si el cordón se hubiese acortado libremente lo alargarían hasta su posición primitiva. Estas tensiones de tracción son, por tanto, proporcionales a la longitud de la soldadura.

Si el cordón es en V o en U, la distribución de tensiones axiales no es uniforme, siendo más importantes aquellas que se sitúa en la base del triángulo de soldadura, lo que da lugar a flexiones que provocan cierta curvatura de la pieza.

Como las tensiones de retracción verdaderamente importantes se sitúan sobre el eje longitudinal del cordón, resulta que en la sección en la que se cruzan dos cordones el estado de tensiones es plano, ya que existen dos tensiones principales de tracción. Si son tres los cordones que se cruzan, el estado de tensiones es espacial.

Las tensiones triaxiales pueden originar roturas sin deformación. Por ello se deben evitar los cruces de tres cordones.

8.- DEFECTOS DE LAS SOLDADURAS.

Entre los defectos internos más importantes, cabe distinguir:

- Falta de penetración: Si la unión entre el metal base y el metal de aportación no es perfecta en algún punto, o si queda alguna oquedad dentro del chaflán del material de aportación.
- Grietas.
- Poros u oclusiones gaseosas.
- Inclusiones de escoria u otros cuerpos dentro de la soldadura.

Entre los defectos superficiales principales se encuentran: mordeduras, picaduras, desbordamientos, etc.

Todos estos defectos se pueden evitar, si la soldadura se efectúa cuidadosamente y se utilizan los electrodos adecuados

9.- ACTIVIDADES PROPUESTAS.

- ¿Qué diferencias existen entre la unión por soldadura y la unión mediante remachado o atornillado en perfiles laminados?
- Define la soldadura por presión y la soldadura por fusión.
- ¿En qué consiste la soldadura por arco eléctrico?. ¿A qué temperatura se realiza el proceso?
- ¿Qué es el material base y el material de aportación en las soldaduras?
- Diferencia entre electrodos desnudos y electrodos revestidos.
- Características de los electrodos revestidos.

- ¿Cómo se realiza la soldadura a tope entre dos perfiles metálicos?
- ¿A qué se llama soldadura de cordones?
- Diferencia entre cordón frontal, lateral y oblicuo.
- Dibujar un cordón plano, otro colmado y otro ligero.
- Define los distintos tipos de cordones de soldadura según su posición.
- ¿Qué tipos de deformaciones y tensiones internas se producen en los procesos de soldadura?
- ¿Por qué se deben evitar los cruces de tres cordones de soldadura?
- ¿Cuáles son los defectos más importantes de las soldaduras?
- ¿Qué son grietas en una soldadura?

TEMA 7

LA UNIÓN DE PERFILES METÁLICOS.

1.-INTRODUCCIÓN.

Los elementos de las estructuras están formados por varios perfiles simples, que se unen entre sí para resistir conjuntamente. Esto únicamente se puede lograr si se garantiza que las uniones son capaces de transmitir las fuerzas de unos elementos a otros.

Las uniones en una estructura son muy importantes, pueden ocasionar la rotura total o parcial de la misma. En consecuencia en un proyecto de estructura metálica, deben estar adecuadamente resueltas todas las costuras.

Existen varios tipos de unión. Unos fijos, remaches y soldaduras; y otros desmontables, tornillos.

El remache ha sido el elemento de unión más empleado en la construcción metálica, pero hoy en día ha cedido prácticamente gran parte de su terreno a la soldadura.

Los tornillos todavía se utilizan, fundamentalmente, en las construcciones desmontables, uniones provisionales y de montaje y en aquellos lugares apartados donde no se dispone de la energía eléctrica necesaria para la ejecución de las soldaduras.

Actualmente se utiliza como medio de unión el de los tornillos de alta resistencia. Este método, de aparente semejanza con las uniones remachadas y atornilladas, es totalmente distinto en cuanto a su forma de transmisión de fuerzas.

2.-OBJETIVOS QUE QUEREMOS CONSEGUIR CON EL ALUMNO, AL UNIR ELEMENTOS METÁLICOS MEDIANTE UNIONES FIJAS O DESMONTABLES.

Se pretende que el alumno alcance los objetivos siguientes, después de haber estudiado los contenidos expuestos en este tema y, amplíe sus conocimientos en las uniones de elementos metálicos mediante remaches o tornillos de diferentes formas y dimensiones. Los objetivos que queremos alcanzar son:

- Conocer la diferencia de un tornillo y un remache.
- Saber a que tipo de aceros se deben acoplar los remaches.
- Conocer la misión fundamental de un remache y un tornillo.
- Distinguir las clases de tornillos y sus aplicaciones.
- Saber dibujar un tornillo y un remache.
- Diferenciar los tornillos ordinarios de los tornillos calibrados.
- Conocer los distintos tipos de tornillos ordinarios
- Saber calcular el remache o tornillo más idóneo según los perfiles a unir.
- Diferenciar entre secciones brutas, netas y semietas.

3.- CONTENIDOS. REMACHES Y TORNILLOS

Englobamos ambos elementos, para su estudio conjunto, pues si bien son totalmente diferentes en cuanto a su aspecto exterior y forma de ejecución, son prácticamente iguales en su manera de transmitir las fuerzas de las uniones.

a.- Remaches.

Un remache consiste en una espiga de diámetro "d", provista de una cabeza de asiento destinada a introducir a través de unos taladros coincidentes en los elementos que se pretenden unir. El remache, calentado al rojo cereza, se introduce en el agujero ya preparado y se estampa en caliente el extremo libre de la espiga, fabricándose de este modo una segunda cabeza. Al enfriarse, contrae, comprimiendo los elementos que une.

El diámetro "da" del agujero debe ser un milímetro mayor que el del vástago, ya que al estar el remache a la temperatura del rojo cereza llena por plasticidad totalmente el agujero al producirse la estampación de la cabeza. Por esta razón, en el cálculo de los remaches el diámetro a considerar es el del agujero.

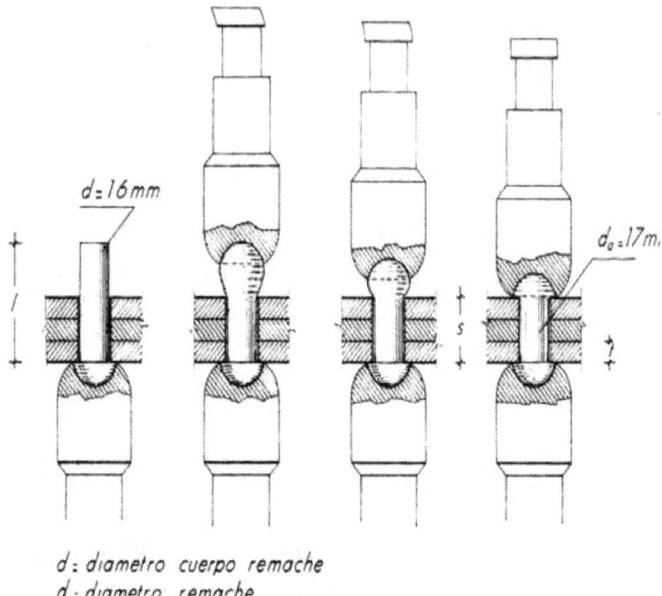

d: diametro cuerpo remache
d_a: diametro remache

Los remaches que generalmente se emplean, son los denominados en gota de sebo; también existen los semiembutidos y los embutidos.

La longitud "l" del vástago del remache en bruto, debe elegirse de forma que, al ser colocado, se rellene completamente el agujero, y se pueda formar la cabeza de cierre con sus dimensiones debidas. Esta longitud "l", se determina en función del espesor total "s" de las piezas que cose, aplicando las fórmulas:

$l = 4/3\ d + s$ (remachado a máquina)

$l = 1,75\ d + s$ (remachado a máquina)

l en milímetros

s : suma de espesores a unir, en mm.

d : diámetro nominal del remache, en mm.

El acero a emplear en la fabricación de los remaches es función de la calidad del acero de los productos a unir, debiendo reunir las características especificadas siguientes:

Clase de acero de los remaches A-34-b. Resistencia a tracción de 34 a 42 Kg/mm2. Alargamiento 28%. Resistencia a cortadura de 25 a 36 Kg/mm2. Tipo de acero de los productos a unir A-37.

Clase de acero de los remaches A-42-c. Resistencia a tracción 42 a 50 Kg/mm2. Alargamiento 23%. Resistencia a la cortadura 31 a 42 Kg/mm2. Tipos de acero de los productos a unir A52.

b.- Tornillos.

Los tornillos que se emplean en la construcción metálica pueden ser ordinarios y calibrados.

Existe en nuestro país la norma MV 106-1967, cuyo alcance y aplicación se refiere a los tornillos, tuercas y arandelas, empleadas en las estructuras de acero laminado, con excepción de los tornillos de alta resistencia, objeto de la norma MV-107.

- Tornillos ordinarios. Se designan por la sigla "T", el diámetro "d" del vástago, la longitud "l" del mismo y del tipo de acero. Las dimensiones de cada tipo de tornillo y el diámetro del agujero se relacionan en la siguiente tabla.

Características de los tornillos ordinarios

TORNILLO TIPO	VÁSTAGO			Ø del agujero d. (mm)	Área neta del núcleo (F) cm²	Área resistente (F) cm²
	d (mm)	d₁ (mm)	h (mm)			
T-10	10	8,16	17,5	11	0,523	0,58
T-12	12	9,853	19,5	13	0,762	0,743
T-16	16	13,546	23	17	1,44	1,570
T-20	20	16,933	25	21	2,25	2,75
(T-22)	22	18,933	28	23	2,82	3,03
T-24	24	20,319	29,5	25	3,24	3,53
(T-27)	27	23,319	32,5	28	4,27	4,56
T-30	30	25,706	35	31	5,19	5,61
(T-33)	33	28,706	38	34	6,47	6,94
T-36	36	31,093	40	37	7,59	8,17

(Se recomienda no utilizar los tornillos cuyo tipo figura entre paréntesis.)

En esta tabla también se indica el área de la sección neta del núcleo "Fn" y el área resistente "Fr" de la rosca.

En los tornillos ordinarios, al igual que en los remaches, el diámetro del agujero es un milímetro mayor que el del vástago.

Según la norma UNE 17706, el tipo de rosca es la triangular ISO, en calidad basta y de paso grueso.

Los tornillos ordinarios se emplean con aceros de los tipos A-37 y A-42. No se permite su empleo con el tipo A-52.

El tipo de acero de los tornillos ordinarios y sus características se indican en la siguiente tabla.

Acero de los tornillos

Clases Tornillos	Tipo acero	Tipo acero	Resistencia a tracción	Limite de fluencia	Alargamiento de de rotura
Ordinarios	A-37 A-42	A-4t	34-55	21	25
Calibrados	A-37 A-42 A-52	A-4t A-5t	43-55 50-70	21 28	25 22

- **Tornillos calibrados.** Se designan por las siglas TC. En estos tornillos, el diámetro "da" del agujero coincide con el del vástago.

Todo lo dicho para los tornillos ordinarios es aplicable a éstos.

Los tornillos calibrados se pueden emplear en la unión de elementos metálicos, además, se fabrican con acero tipo A5t, cuyas características se indican en la tabla de acero de los tornillos, con calidades de acero A-52.

En la siguiente tabla se indican las características principales de los tornillos calibrados.

Características de los tornillos calibrados

Tornillo Calibrado tipo	VÁSTAGO					
	d1 mm	d mm	d2 mm	b mm	F1 cm2	F2 cm2
TC-10	11	10	8,1	17,5	0,52	0,58
TC-12	13	12	9,8	19,5	0,76	0,84
TC-16	17	16	13,5	23	1,44	1,57
TC-20	21	20	16,9	26	2,25	2,73
TC-22	23	22	18,9	28	2,82	3,03
TC-24	25	24	20,3	29,5	3,24	3,53
TC-27	28	27	23,3	32,5	4,27	4,59
TC-30	31	30	25,7	35	5,19	5,61
TC-33	34	33	28,7	38	6,47	6,94
TC-36	37	36	31	40	7,59	9,17

4.- COMPROBACIÓN DE REMACHES Y TORNILLOS.

Suponiendo una costura remachada sometida a una fuerza de tracción "N", la parte de esta fuerza que toma cada uno de los remaches es variable según la posición que ocupan, recargándose más los de los extremos que los centrales.

Si se aumenta paulatinamente la carga exterior "N", los remaches llegan a deformarse plásticamente, produciéndose la ruina de la costura al segarse, simultáneamente, todos ellos.

El cálculo es, pues, a la rotura, ya que en el estado elástico es muy difícil determinar las tensiones que se producen. Además hay que tener en cuenta que existen efectos de rozamiento entre las paredes de los elementos que constituyen la unión. La experimentación -y la experiencia de años- justifica por lo tanto el admitir que todos los remaches de una unión coadyuvan de igual manera a la resistencia total.

El remache tiende a ser cortado por las chapas, pudiendo resistir, a simple o a doble cortadura, según el número de secciones a segar del vástago.

El cálculo se realiza en la hipótesis de que todos los remaches o tornillos de la costura observen la misma fuerza, no debiendo rebasar el esfuerzo ponderado que ha de resistir el remache o tornillo la solicitación de agotamiento. Así, la fuerza límite por remache se determina en función del tipo de solicitación, aplicando las expresiones siguientes:

A simple cortadura $3,14 \times da2 \times tu/4$

A doble cortadura $2 \times 3{,}14 \times da^2 \times tu/4$

Siendo: "da" el diámetro del agujero para los remaches y "tu" tensión de agotamiento a cortadura.

Las fórmulas anteriores equivalen a suponer que la fuerza "N" que resiste un remache se reparte uniformemente sobre toda una sección.

El cálculo de los tornillos ordinarios y calibrados se efectúa de manera análoga a la indicada para remaches.

Se considera como tensión de agotamiento de un remache o tornillo, cuando está resistiendo a cortadura, y viene definida por el producto de un coeficiente "K", que adopta los valores siguientes:

0,80 para tornillos calibrados y remaches.

0,65 para los tornillos ordinarios.

Este coeficiente "K" se multiplica por la resistencia de cálculo del tornillo o remache que, de acuerdo con la norma MV-103 adopta los valores siguientes:

Remache y tornillo de acero A4t.......... 2400 Kg/cm2.

Tornillo calibrado de acero A5t........... 3000   "

La solicitación de agotamiento de un remache o tornillo a cortadura será:

K x Tensión de fluencia x m x F.

En la que "m" es el número de secciones transversales que resisten conjuntamente al esfuerzo cortante: 1, a simple cortadura; y 2. a doble cortadura.

Y "F" es la superficie de la sección de cálculo.

La destrucción de la costura también puede presentarse por aplastamiento de las paredes de la chapa contra el vástago del remache o tornillo.

5.- COMPROBACIÓN DEL MATERIAL Y DE LAS UNIONES.

En la terminología habitual se distingue para el cálculo, según los casos, tres secciones:

- Sección bruta: Aquella que no se excluyen los agujeros.
- Sección neta: Aquella que se excluyen los agujeros, lleven o no remache o tornillo.
- Sección semineta: Es la que se excluyen los agujeros de la zona sometida a tracción, pero no los de la sometida a compresión.

En las barras sometidas a tracción la determinación de la sección necesaria se realizará mediante la fórmula:

$$Sn = N / \text{Tensión de fluencia.}$$

Sn, es la sección neta de la barra y N es el esfuerzo del remache o tornillo.

En las barras comprimidas no existe deducción de agujeros, en consecuencia.

$$S = N / \text{Tensión de fluencia.}$$

S, es la sección bruta de la barra.

6.- DISPOSICIONES CONSTRUCTIVAS REFERENTES A LOS TORNILLOS Y REMACHES SEGÚN LA INSTRUCCIÓN EM-62.

En una unión remachada o atornillada, se llama paso a la distancia entre centros de remaches, o tornillos, consecutivos de una misma fila.

En las barras comprimidas y en aquellas costuras en las que los tornillos y remaches tengan una función resistente, el paso máximo se elegirá igual al menor de los dos valores siguientes: 8 da ó 15t.

Si las costuras en barras fraccionadas son de simple unión o acoplamiento, el paso máximo será igual o menor de los valores siguientes: 12 da ó 25t..

La separación "s" entre centros de tornillos o remaches de dos filas paralelas, colocadas o no al tresbolillo, cumplirá también las limitaciones para el "paso" de los párrafos anteriores.

Cuando hayan de utilizarse remaches o tornillos de diámetros diferentes en una misma estructura se procurará no utilizar más de dos tipos, o a lo sumo tres, bien diferenciados entre sí.

La suma de espesores de las piezas unidas no excederá para remaches y tornillos ordinarios de:

$$4,5 \text{ da} \quad \text{para} \quad \text{da} < 17mm.$$

$$5,5 \text{ da} \quad \text{para} \quad \text{da} > 17mm.$$

Siendo "da" el diámetro del agujero.

Con tornillos calibrados la suma de los espesores de las piezas a unir podrá alcanzar el valor 6,5 "da".

En general, no conviene disponer más de cinco remaches en una fila, siendo preferible cuando es necesario emplear más, disponerlos en varias filas. Por el contrario todas las uniones de fuerza deben constar de un mínimo de dos remaches o tornillos.

Otra forma de unir perfiles metálicos es la unión por soldadura, que será estudiado en otro artículo.

7.- ACTIVIDADES PROPUESTAS.

- ¿Cómo debe ser el diámetro del agujero en un remache?
- ¿Cuáles son los remaches más empleados?
- Clases de aceros para remaches
- ¿Qué diferencia existe entre los tornillos ordinarios y calibrados?
- ¿Qué características tienen los tornillos tipo T-22, T-27 y T-33?
- Dibujo de un tornillo ordinario y uno calibrado.
- ¿Qué características tienen los tornillos calibrados TC 10 y TC-33?
- ¿Qué ocurre si se aumenta la carga exterior "N" en un remache o tornillo?

- Que diámetro debe tener el agujero para un remache, sabiendo que la tensión de agotamiento es 2400 kg/cm2. Calcúlalo a simple cortadura y doble cortadura.

- A que se llama tensión de agotamiento.

- Calcula la tensión de fluencia en un tornillo o remache sabiendo: que el coeficiente vale 0,8; la sección de cálculo 2,5 cm2 y existen dos secciones a unir.

- A qué se le llama "paso" en una unión remachada o atornillada.

- ¿Cuál será el espesor máximo de elementos metálico que se pueden unir mediante remaches o tornillos?

SEGUNDA PARTE

INSTALACIONES COMPLEMENTARIAS

TEMA 8

ACÚSTICA EN INSTALACIONES DE CLIMATIZACIÓN.

1.- INTRODUCCIÓN.

En el presente tema se enunciarán una serie de conceptos básicos sobre acústica y vibraciones, necesarios para poder acometer la resolución de los problemas que se presentan en las instalaciones de climatización.

Si se considera una circunferencia de centro 0 y radio 0B=A, y sobre esta circunferencia se concibe un punto N que partiendo de B, la recorre en el sentido opuesto a las agujas del reloj, con movimiento uniforme, empleando un tiempo T, en segundos, en dar una vuelta, entonces el movimiento del punto M, proyección de N sobre el diámetro, es un movimiento vibratorio armónico, de amplitud A y período T.

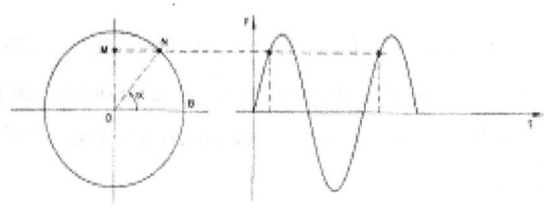

Mientras N recorre la circunferencia, su proyección M realiza una vibración.

Se denomina elongación (y) , de un movimiento vibratorio armónico, a la distancia existente entre la posición de la partícula, M, en un instante dado, y la que tenía antes de comenzar el movimiento(0), es decir:

$$y = A . sen\ de\ alfa = A . sen\ 2 . 3{,}14 . t/T$$

La inversa del período, 1/T, se denomina frecuencia y representa el número de ciclos o vibraciones por unidad de tiempo, por lo tanto:

$$F = 1/T\ ;\quad fT = 1$$

2.- VELOCIDAD DEL SONIDO.

La velocidad del sonido en una dirección depende del medio, y viene determinada por la fórmula:

$$C = K . Raíz\ cuadrada\ de\ E/p$$

En la que: k, es una constante; E, el módulo de elasticidad del medio; y *p*, la densidad

Para el aire a 0° C se obtiene una velocidad de 332 m/s, y a 15 ° C, la velocidad es de 340 m/s. En general, la velocidad de propagación del sonido en los sólidos es mayor que en los líquidos, y en éstos mayor que los gases.

Conocida la velocidad de propagación del sonido en un medio, y la frecuencia o el periodo de vibración, se puede determinar la longitud de onda, por:

$$Longitud\ de\ onda\ =\ c\ .\ T\ =\ c/f$$

Se denomina intensidad del sonido en un punto, I, a la energía que se transmite por unidad de área en la unidad de tiempo.

3.- POTENCIA SONORA.

Si se supone una esfera de radio r, con centro en una fuente sonora de potencia W, situada en un medio libre, la intensidad del sonido en su superficie, y en una dirección radial es:

$$I\ =\ W/4\ .\ 3,14\ .\ r2.$$

La característica de una fuente sonora es la potencia con que radia o transmite la energía. En la siguiente tabla, se indican valores prácticos de alguna fuente de sonido.

Fuente	Potencia, W	dB
Avión de reacción, en el despegue	100.000	170
Avión de 4 hélices, en el despegue	100	140
Orquesta sinfónica, fortísimo	10	130
Machaqueo de grava	1	120

Automóvil en autopista	0,1	110
Gritos	0,001	90
Susurros	0,00000001	30

4.- DECIBELIO.

En la práctica, los valores de la intensidad, presión y potencia sonoras no se miden por sus valores absolutos, ya que tiene más importancia el nivel o relación existente entre dos valores que la misma magnitud, debido a que se necesita un determinado tanto por ciento de variación, para que el oído pueda percibir la variación.

Se define así el nivel acústico por una diferencial, con relación a una cierta unidad, q.

$$d\ Lq = K \cdot dq/q$$

cuya integración da:
$$Lq = K \cdot \ln q/qo$$

Ecuación que transforma a logaritmos decimales y tomando el valor de la nueva constante de integración, por convenio, igual a 10, toma la forma:

$$Lq = 10 \cdot \lg q/qo$$

La unidad de nivel es el decibelio dB, que se define, a partir de la fórmula anterior, tomando q = 2qo y diciendo que la sensación sonora obtenida corresponde a 3 dB.

- **Factor direccional.**

Normalmente las fuentes sonoras radian más sonido en una dirección que en otras. El factor direccional, se define como el cociente del cuadrado de la presión sonora a una determinada distancia y en una determinada dirección, con relación a la media de los cuadrados de las presiones sonoras tomadas a la misma distancia, pero en todas las direcciones con relación a una fuente sonora, es decir, la presión direccional se relaciona con la potencia de salida de la fuente sonora.

- **Ganancia direccional.**

Cuando una fuente sonora es direccional, se denomina ganancia, a la diferencia entre el nivel de la presión sonora en esa dirección y el nivel correspondiente a la presión media, en el mismo punto.

5.- ANCHO DE BANDA.

Para analizar las frecuencias de los ruidos y sonidos se utilizan filtros eléctricos, que se caracterizan por tener una banda de paso, limitada por las frecuencias baja y alta de corte. La diferencia entre la frecuencia alta de corte y la frecuencia baja de corte se denomina ancho de banda.

- **Frecuencia central.** Es la media geométrica de las frecuencias superior e inferior de corte de ancho de banda.

- **Octava.** Como la mayor parte de los sonidos no se presentan puros, sino que tienen un ancho de banda considerable, se necesita dividir el espectro del sonido, en varias divisiones y obtener información de cada una de ellas.

  La octava musical de un sonido, en música, corresponde a otro sonido con el doble de frecuencia. Siguiendo este criterio, el ancho de banda se puede dividir en octavas, cuyas frecuencias de corte estén en la relación indicada, y su frecuencia central se corresponda con un valor normalizado.

- **Tercio de octava.** Cuando se quiere una información más detallada del sonido o ruido, se puede recurrir a subdivisiones de la octava, como son: la media octava o el tercio de octava. Normalmente se utiliza el tercio de octava, que consiste en dividir la octava en tres partes, de tal manera que la frecuencia superior de corte del tercio de octava es igual a la frecuencia inferior de corte multiplicada por la raíz cúbica de dos.

6.- SONORIDAD Y NIVEL SONORO.

La sonoridad es la sensación percibida por el hombre, que no puede ser cuantificada por los aparatos de medida, pero a pesar de todo se intenta relacionarla con los cambios de nivel y de frecuencia del sonido.

Para ello, cuando se trata de determinar la sonoridad o el nivel sonoro de un sonido, se compara con un tono fuera de 1000 Hz, o con un ruido de banda estrecha centrado en el mismo valor.

El nivel de sonoridad se mide en fonos, y para convertirlos en sonidos o viceversa, se realiza mediante la siguiente ecuación.

$$S = 0,25 \cdot 2^{(F/10-2)}$$

Es importante tener un criterio de captabilidad de ruidos, sobre el cual se basen los requerimientos de atenuación. En la siguiente tabla vemos los niveles globales medios de ruido aceptables con una habitación desocupada, cuando el sistema de aire acondicionado está funcionando.

Lugar		db(A)
Estudio:	Radio, grabación y T.V.	25,3
	Salón de música	30:35
	Teatro	30:35
	Hospital	35:40
	Auditorio	35:40
	Iglesias	35:40
	Apartamentos, casas	35:40

Clases, bibliotecas   40:45

Salón de conferencias, oficinas 40:45

Librerías   45:55

Restaurantes   50:55

7.- ACÚSTICA Y VIBRACIONES EN INSTALACIONES DE CLIMATIZACIÓN.

El primer paso consiste en elegir el sistema adecuado de representación numérica, asignando a continuación a cada local el valor correspondiente, que suponga un equilibrio entre el sonido producido por el acondicionamiento de aire y los demás sonidos del lugar. El que un ruido se aceptable, no depende de su sonoridad o nivel absoluto, sino de la relación existente con los sonidos preexistentes.

En una sala de conferencias, la potencia de la voz humana no varía prácticamente de un conferenciante a otro, sí varía el nivel sonoro según la posición que ocupe el oyente y puede variar en más de 10 dB de una sala a otra, dependiendo del tamaño de la habitación y de su absorción del sonido.

En la siguiente tabla se pueden observar los niveles de potencia sonora del equipo, máximas admisibles para inteligibilidad de palabra.

Inteligibilidad	Voz	Voz	Voz	Voz

Necesaria	baja	normal	fuerte	muy fuerte
Escasa	50	56	62	68
Buena	44	50	56	62
Muy buena	38	44	50	56
Perfecta	32	38	44	50

Los niveles indicados en la tabla, son medias aritméticas de los niveles en las tres bandas de octava del campo de interferencia con la palabra, (500, 1000, 2000 Hz). Suponiéndose que el orador y el oyente están situados en extremos diametralmente opuestos.

Sin embargo, en un lugar en el que se mantengan simultáneamente varias conversaciones, en pequeños grupos, el tratamiento debe ser diferente, ya que en este caso no se necesita que la palabra sea inteligible a más de un metro y medio. Como en el caso anterior, la solución se puede dar en función de los niveles de presión sonora, que dependen tanto del ruido ambiental interior como exterior.

Los ruidos pueden clasificarse en:
- Sonido de comunicación, que es necesario oír.
- Sonido de fondo, producido por la actividad del lugar.
- Sonidos extraños, procedentes del exterior del lugar y que no deben de oírse.

A).- Equipos que se montan en el exterior.

Estos equipos se deben montar de tal forma que el ruido que produzcan no cause molestias en el ambiente exterior, en los edificios próximos y en el propio edificio. Se recomiendan los valores máximos de:

- 60 dB (A) en el límite de fincas, en zona residencial.
- 55 dB (A) en el exterior de ventanas, en edificios habitados.

B).- Procedimiento de diseño acústico.

Cuando se conoce el espectro de potencia acústica del equipo y el nivel de presión sonora ambiental, deben analizarse en primer lugar las vías de transmisión existentes, que en el exterior son:

- Las reflexiones en los edificios próximos al equipo.
- La distancia al punto considerado.

C).- Instalaciones interiores.

En el funcionamiento normal de una instalación de aire acondicionado se procura que las ventanas y demás aberturas del edificio estén cerradas, con lo que se elimina gran parte del ruido ambiental exterior.

El control del ruido comienza en el diseño del edificio, ya que desde ese momento deben separarse las zonas sensibles al ruido de las fuentes sonoras principales, por ejemplo, una sala de conferencias de una sala de máquinas.

La instalación de aire acondicionado puede transmitir los diferentes ruidos hasta un objeto situado en una habitación, de las siguientes formas:

- Ruido de circulación de aire en un difusor, directamente.
- Ruido producido por la salida del aire por la boca de impulsión del ventilador, a través del conducto hasta la habitación.
- Ruido de la aspiración del ventilador, a través de la sala de máquinas al tabique de separación y de éste al ambiente.
- Ruido de cojinetes, se transmite al armazón, de éste al suelo, de donde pasa a la habitación.

El primer punto se resuelve con una selección adecuada de las unidades terminales. El segundo, mediante silenciadores, o revestimiento de conductos. El tercero depende del diseño del edificio y puede ser mejorado con la utilización de materiales con propiedades de aislamiento sonoro. El cuarto, se combate mediante la colocación de aisladores de vibraciones.

D).- Diseño acústico de interiores.

Es necesario buscar un equilibrio entre el ruido producido por el acondicionamiento de aire y los ruidos ambientales, ya que un ruido es, o no, aceptable dependiendo de su relación con el resto de los ruidos existentes en el entorno. En particular debe recalcarse que:

- Los sonidos producidos en la conservación, una conferencia, música, etc, deben oírse.
- Los niveles sonoros de las habitaciones son el resultado de los ruidos ambientales exteriores y de los ruidos procedentes de los espacios contiguos.

E).- Ventiladores.

En la selección del ventilador para una instalación de acondicionamiento de aire, debe tenerse en cuenta los tres puntos siguientes.

- El nivel de ruido generado por el ventilador debe ser el más bajo posible.
- Las conexiones de aspiración e impulsión del ventilador se diseñarán de forma que permitan una circulación uniforme del aire.
- En sistemas de volumen variable debe estudiarse el efecto que las variaciones de caudal ejercen sobre la potencia acústica.

F).- Conductos.

Se deben de diseñar con la mínima resistencia posible, ya que el ruido aumenta con la presión estática. La circulación del aire a través de los codos, derivaciones, reguladores, etc., también producen ruido y el nivel de potencia acústica en cada banda depende de la correspondiente configuración geométrica, caudal y velocidad.

Los codos y derivaciones son fuentes de ruido particularmente importantes, el ruido generado puede estimarse por la ecuación:

$$Lw = F + G + H$$

En la que Lw es el nivel de potencia acústica de la banda, en dB; F es función del espectro, en dB; G función de la velocidad en dB y H función del ancho de banda en dB.

G).- Salas de máquinas.

Se debe prestar atención a las posibles vibraciones de los equipos, a fin de que no se transmitan a la estructura del edificio y a los espacios habitados, para ello:

- Se deben comprobar los diferentes equipos y seleccionar los de nivel de ruido y vibraciones más largas.
- Alejar la sala de máquinas de los espacios críticos.
- Diseñar estructuras de sustentación lo suficientemente rígidas, para sostener la máquina sin que se produzcan flexiones indebidas.
- Instalar aislamiento de vibraciones.

TEMA 9

INSTALACIONES DE VENTILACIÓN

1.-VENTILACIÓN. INTRODUCCIÓN.

El motivo fundamental de toda instalación reside en la introducción de aire limpio en los locales, existiendo básicamente dos sistemas diferentes para este cometido, conocidos como:

- Ventilación natural.
- Ventilación mecánica.

La ventilación natural se produce en función de la diferencia de temperaturas entre el interior del local y el aire exterior, ayudada o no por la acción del viento, pudiendo subdividirse en ventilación por ventana y ventilación por conductos.

La ventilación natural se produce en función de la diferencia de presiones generada por un ventilador, es un sistema que permite obtener la renovación de aire prefijada y mediante una red de conductos.

Ambos sistemas de ventilación se aplican a dos tipos diferentes de instalaciones: los locales habitados y los locales industriales.

2.- CARACTERÍSTICAS FUNDAMENTALES.

Las características fundamentales de un sistema de ventilación deben ser las siguientes:

- Conseguir la renovación del aire ambiente de los locales.
- Que no existan corrientes molestas.
- Que el barrido del local sea uniforme.
- Que el funcionamiento de la instalación sea silencioso.

Para conseguir la renovación del aire de un recinto es preciso que exista una diferencia de presión entre éste y el exterior, diferencia de presión que puede producirse por:

- Una diferencia de temperatura entre el interior y el exterior.
- La fuerza viva del viento.
- La acción mecánica de un ventilador.

Es necesario, al menos, la existencia de una de las condiciones anteriores a fin de que exista la fuerza motriz necesaria, a la que debe añadirse la necesidad de aberturas suficientemente amplias para que pueda pasar el caudal necesario de aire, destinado tanto al ser introducido en los locales como a su expulsión.

Es evidente que para introducir una cantidad de aire en un local, es necesario dejar escapar una cantidad equivalente hacia el exterior, por lo que debe tenerse en cuenta que las pérdidas de carga deben ser pequeñas, tanto en los conductos de entrada como en los de salida, (si existen).

Lógicamente, la falta de estanqueidad de los locales produce, en principio, una renovación del aire ambiente, normalmente insuficiente, y no controlada.

3.- VENTILACIÓN PERMANENTE.

Si en un local, por muy densamente ocupado que esté, la aportación de aire de ventilación es suficiente, no se alcanzará nunca el límite higiénico de inhabilitabilidad, con lo que el local puede ser ocupado de forma continua sin producirse problemas.

Para calcular el volumen de aire a introducir puede partirse de dos hipótesis diferentes: La primera se refiere a la existencia en el local a ventilar de fuentes de calor de gran potencia, como puede ocurrir en procesos industriales, en cuyo caso deberá realizarse un balance térmico llamado Qf, al calor aportado por las fuentes térmicas en la unidad de tiempo, Qp a las pérdidas horarias de calor del local, *ti* a la temperatura del ambiente interior y, *te* a la temperatura exterior; el balance térmico dará.

$$Qf + pVcp\ (te - ti) = Qp.$$

Siendo *p* la densidad del aire de ventilación introducido, cp su calor específico y V el caudal de aire necesario.

La segunda hipótesis se refiere al caso de degradación del aire ambiente por desprendimiento de gases o vapores; en este segundo caso el balance de energía se transformará en un balance de materia contaminante; así, llamando Ca a la concentración de contaminante en el aire exterior; Ci a la concentración del mismo en el ambiente interior y C a la producción interna del citado contaminante, deberá ser:

$$C + C_a.V = C_i.V$$

4.- VENTILACIÓN PERMANENTE.

Si en un local con mayor o menor ocupación, la aportación de aire de ventilación es pequeña frente a las necesidades, la degradación del aire ambiente se realiza rápidamente; alcanzándose en poco tiempo el límite admisible, momento en el que debe realizarse un barrido energético del ambiente del local que restablezca las condiciones originales, barrido que debe efectuarse a local vacío para no producir molestias inadmisibles.

En el caso de la ventilación intermitente debe tenerse en cuenta que una ventilación rápida, de un local con paredes y suelos desnudos, basta par

a realizar la renovación del aire ambiente y limpiar los muros y muebles de los olores impregnados debidos al humo, si existen tapices, cortinas, alfombras, etc., que también estarán impregnadas por los mismos elementos.

Desde el punto de vista de la concentración de productos nocivos, como por ejemplo, dióxido de carbono, y teniendo en cuenta que durante un tiempo dt, se introduce del exterior V_{ca} dt, se produce en el interior Cdt y se evacua V_{ci} dt, la variación de la concentración en el local es:

$$V_{ca}\,dt + C\,dt - V_{ci}\,dt = V_l\,dc_i$$

Siendo Vl el volumen del local y representando dci la variación de la concentración del contaminante en el susodicho local.

5.- LOCALES HABITADOS.

La degradación del ambiente en un local, se produce debido a la permanencia de las personas en él. En el caso de ventilación permanente el aporte horario de aire se define a través del número de personas que ocupan el local, mediante una tasa horaria por persona.

Por otro lado, si una habitación se ocupa sólo durante unas horas al día, el calor desprendido por las personas que la ocupan es, en parte absorbido por las paredes del local, que actúan de ralentizador del sistema. Lógicamente cuanto mayor espesor posean las paredes más energía absorberán.

Para definir la ventilación, se recurre al caudal de aire a introducir, y una vez determinado éste se calcula en número de renovaciones de aire por unidad de tiempo, que es el número de veces que teóricamente se cambia el volumen de aire contenido en el local en la unidad de tiempo. Un número de renovaciones de aire, en un local habitado, significa que el local es pequeño, para el número de ocupantes, pudiéndose producir corrientes molestas, dado que el aire circulará por el interior con velocidad elevada.

6.- REPARTO NATURAL DE PRESIONES.

Un local habitado está normalmente a una temperatura más alta que la del ambiente exterior que la rodea. Por otra parte, los diferentes locales de un edificio tienen, normalmente, temperaturas también diferentes entre sí.

Por lo tanto, el aire saliente es más ligero que el entrante, apareciendo diferencias de presiones entre los locales de un edificio, y entre éste y el ambiente exterior.

Se denomina reparto natural de presiones de un edificio, al que se establece bajo la acción combinada de la temperatura y del viento, ya que este último también tiene influencia al crear un campo horizontal de presiones.

7.- REPARTO DE PRESIONES DEBIDO A LA TEMPERATURA.

Considerando una habitación cerrada, hermética, con una temperatura interior *ti* superior a la temperatura *te* exterior, y se hace en ella un pequeño orificio (0) a fin de igualar presiones dentro y fuera del local, comprobamos que las temperaturas *ti* > *te* y evidentemente las densidades serán *pi* < *pe*.

8.- REPARTO DE PRESIONES BAJO EL EFECTO DEL VIENTO.

Cuando el viento encuentra un obstáculo, como una fachada, crea sobre ésta una sobrepresión que puede llegar a ser igual a la presión dinámica del viento.

$$P = p\, v2/2g$$

Para un viento flojo, la presión dinámica es del orden de algunos Pascales, para un viento fuerte es de más de 100 *pa*. Como la presión sobre un obstáculo varía muy rápidamente con la fuerza del viento, se deduce que las infiltraciones debidas al viento variarán también enormemente.

En la fachada opuesta a la dirección del viento se crea una zona en depresión, producida por el paso del viento; asimismo las paredes laterales quedan sometidas a depresión, que puede explicarse por la multitud de venturis que se forman en los dos poros de la construcción.

9.- INSTALACIONES DE VENTILACIÓN.

Se denomina auto ventilación de un local, a la renovación de aire que se produce por la falta de estanqueidad de las paredes, cuando sus ventanas y puertas están cerradas.

Cuando no hay viento, el reparto de presiones en el interior de un local no depende más que de la diferencia de temperaturas. La experiencia demuestra que la renovación producida en este caso es suficiente durante las estaciones frías, cuando la carga de personas que permanecen en el local es baja; cuando la temperatura ambiente exterior aumenta, disminuye la diferencia de temperaturas, y por tanto la diferencia de presiones y como consecuencia disminuye la ventilación del local, problema que se resuelve abriendo las ventanas.

a) Ventilación por ventanas.

Éste sistema de ventilación consiste en crear orificios para la entrada y salida de aire, siendo la renovación constante.

b) Ventilación por conducto.

Cuando un local carece de ventanas y no puede ser ventilado, hay que recurrir a realizar canalizaciones en los paramentos del local en los forjados. Por ellos circulará el caudal de aire suficiente para dejar acondicionado el local.

c) Ventilación mecánica.

Con la ventilación mecánica se aporta el aire mediante la incorporación de ventiladores al sistema; permitiendo controlar las condiciones termo higrométricas y evitar las corrientes molestas de aire, aportando el caudal de aire adecuado y en la forma debida.

d) Ventilación de garajes.

En éste caso típico de ventilación, que puede ser mecánica o natural, es importante proyectar con suficiente amplitud la instalación a fin de impedir la acumulación de vapores o gases nocivos.

Si se emplea ventilación natural, es necesario un conducto cuya sección debe ser, al menos, de 1 m2 por cada 200 m2 de superficie del local. Por el contrario, si se utiliza la ventilación mecánica, mediante ventilador colocado en la expulsión, que coloca al local en depresión, el caudal se calcula de forma tal que se aseguren un mínimo de 6 renovaciones por hora.

e) **Rejillas y difusores.**

La rejilla más simple está constituida está constituida por una ranura estrecha practicada a lo largo de la canalización, está provista de chapas directrices para guiar el aire.

Si la sección de paso necesaria es más grande, se utilizan rejillas con lamas directrices, normalmente orientables en sentido vertical o en sentido horizontal. Existen en el mercado una gran variedad de rejillas con distintos tipos de lamas directrices, que se acoplan según las necesidades de la instalación.

Cuando se introduce el aire por el techo, se necesita evitar la aparición de corrientes molestas de aire, para lo que puede desviarse el aire horizontalmente, o bien disminuir su velocidad por mezcla con el aire del local.

La desviación del aire horizontalmente puede obtenerse por medio de placas de choque, situadas inmediatamente debajo de la boca de salida del aire, o mediante difusores de techo.

10.- CIRCULACIÓN DE AIRE.

En las instalaciones de ventilación es preciso que el aire nuevo de aportación al local, barra uniformemente éste, sin crear corrientes molestas, siendo imposible establecer normas de circulación que cumplan todos los casos posibles.

En las instalaciones de ventilación se distinguen dos tipos básicos:

a) Instalaciones de baja velocidad.

En este tipo de instalaciones, el camino recorrido por el aire, en el local, depende de que su temperatura sea mayor o menor que la temperatura interior.

Si el aire de ventilación se introduce por la parte alta del local y a mayor temperatura que el de éste, se estratificará en la parte superior y será empujado hacia abajo por el nuevo aire que se sigue introduciendo de una forma prácticamente uniforme, barriendo la totalidad del local. En el caso que el aire de ventilación esté más frío que el del local, el aire al salir de las rejillas tiene tendencia a descender, debido a su densidad; en su movimiento descendiente se forman caminos preferenciales, que pueden producir molestias debido a la temperatura.

Si el aire de ventilación se introduce por la parte baja, se encuentran también los dos supuestos anteriores, así si el aire de ventilación es más caliente que el interior, tendrá, desde el momento de su salida, tendencia a elevarse, formando caminos preferenciales que en principio no producirán molestias.

b) **Instalaciones de alta velocidad.**

Cuando el aire penetra por orificios individuales con gran velocidad, en la superficie límite del chorro se produce un fenómeno de mezcla con el aire ambiente, con el consiguiente cambio de la cantidad de movimiento de las partículas. En principio el eje del chorro debe ser rectilíneo, y así ocurre si el aire impulsado tiene la misma temperatura que el aire del local, cuando el aire impulsado es más caliente o más frío que el correspondiente del local, el eje sufre una flexión hacia arriba o hacia abajo, por defecto de la diferencia de densidad.

11.- CORTINAS DE AIRE CALIENTE.

Las cortinas de aire caliente pueden concebirse con impulso lateral, horizontal o vertical. Los caudales, potencias y velocidades, dependen esencialmente del uso de la cortina de aire caliente, (almacén, recepción de público, taller etc.), del tamaño de las puertas y de la posición del viento.

El cálculo es muy diferente para cada problema. A modo de orientación se indican a continuación unos valores medios, para el caso de puertas con altura comprendida entre 4 y 10 m., con impulsión de aire de arriba hacia abajo:

- Ancho de la rejilla de impulsión: la altura de la puerta, expresada en mm., dividida por cien.

- Velocidad de salida del aire de impulsión de la rejilla, en m/s. igual a dos veces la altura de la puerta en m.

- Temperatura de salida del aire de la rejilla, 70° C.

La sección de la rejilla de retorno en el suelo se calculará para una velocidad que sea la cuarta parte de la velocidad de impulsión.

La velocidad del aire en los conductos será:

- De 7 a 10m/s en los de impulsión.
- De 5 a 8m/s en los de retorno.

TEMA 10

AHORRO DE ENERGÍA EN INSTALACIONES DE LA EDIFICACIÓN.

1.- INTRODUCCIÓN.

El enorme consumo de energía y su elevado coste, es motivo suficiente para que se trate de reducir el consumo energético de las instalaciones existentes en los edificios no industriales, empleadas por ejemplo, para calefacción, climatización o alumbrado.

Existen tres vías diferentes para reducir el consumo energético de los edificios: disminuir las necesidades energéticas, sustituir las fuentes convencionales de energía por fuentes gratuitas o incrementar la eficiencia energética de los procesos. Las dos primeras entran en el campo del ahorro de energía, y la tercera en la recuperación de las energías residuales.

2.- LA DISMINUCIÓN DE LAS NECESIDADES ENERGÉTICAS.

Para reducir las necesidades energéticas de un edificio, se puede actuar en tres direcciones distintas: una elección conservadora de las condiciones interiores de temperatura, humedad, renovación del aire, iluminación, etc., una reducción de las pérdidas térmicas mediante un adecuado aislamiento y una reducción del tiempo de funcionamiento.

Una posibilidad corresponde al empleo de relojes programadores que adaptan el horario de funcionamiento de la instalación al general de la actividad desarrollada en el edificio. Sin embargo es conveniente ahorrar energía durante los intervalos más o menos cortos de no ocupación, ya que la ocupación programada del edificio suele ser de 12 hora diarias y a veces superior, mientras que el tiempo de ocupación real de cada uno de los locales concretos no suele totalizar más de 8 ó 9 horas diarias, y en determinados casos, como en salas de reunión, salas de visitas o archivos, aún menos.

En locales con un nivel de ocupación muy variable, como por ejemplo cines o restaurantes, la cantidad de aire exterior aportada es normalmente mayor que la realmente necesaria, por lo que también representa un considerable ahorro de energía el regular la apertura de la compuerta correspondiente a la entrada del aire exterior, mediante una sonda de higiene y un regulador. La sonda de higiene detecta la presencia de contaminantes en el aire y el regulador compara esta medida con un valor de consigna prefijado y efectúa una regulación proporcional sobre las compuertas de aire exterior o sobre el caudal proporcionado por los ventiladores, adecuándolo a las necesidades reales en cada momento.

3.- LA SUSTITUCIÓN DE ENERGÍA RENOVABLES POR CONVENCIONALES.

Lógicamente un importante ahorro se obtiene con las llamada energías gratuitas, tales como la solar, la geotérmica, la eólica etc.

Este apartado se dedicará exclusivamente a analizar el empleo del denominado enfriamiento gratuito, que consiste en sustituir por aire del exterior, simplemente filtrado, el aire que si impulsa a un local refrigerado, pudiendo emplearse este sistema siempre y cuando que la entalpía del aire exterior no supere a la del aire de impulsión preciso. En principio puede parecer que no debiera precisarse refrigeración cuando la entalpía del aire exterior fuese inferior a la del ambiente del local a climatizar, sin embargo, para comprender esta necesidad basta considerar el caso de salas de fiestas, que demandan refrigeración durante la noche, o el de grandes almacenes, que en pleno invierno, y merced a la enorme carga térmica de iluminación y ocupantes requiere refrigeración en los días más fríos.

Con estos dos casos se entiende la importancia que presenta el ahorro energético de la explotación de un edificio, el empleo del aire exterior frío para la climatización de diversos tipos de edificaciones, en vez de tener que poner en marcha la instalación productora de frío para conseguir el aire de impulsión a las condiciones precisas.

Cuando se tiene ésta posibilidad de enfriamiento gratuito, por tener aire frío del exterior, es la que hace necesario el dotar a los climatizadores de dobles compuertas de aire exterior, o aire máximo.

El aire exterior debe someterse como ya se ha dicho a un proceso de filtrado, aunque en ocasiones puede acompañarse de un pre-enfriamiento que, en climas secos, puede realizarse en un lavador de aire, en el que se somete a éste a una humidificación adiabática por contacto con agua pulverizada.

4.- LA UTILIZACIÓN DEL AGUA SUBTERRÁNEA PARA LA CONDENSACIÓN.

Cuando se ha reducido al máximo el consumo energético de un edificio, cualquier disminución ulterior de los consumos requiere el empleo de procesos más eficientes que permitan aumentar la eficacia, de ahí el estudio de las aguas subterráneas.

La temperatura de éstas aguas varía poco a lo largo del año y suele estar comprendida en verano entre 12ºC y 18ºC, por lo que permite emplear temperaturas de condensación sensiblemente más bajas que cuando se emplea la condensación por aire e incluso que cuando se emplea agua recuperada en la torre de enfriamiento. La disminución de la temperatura de condensación se traduce en mejorar el coeficiente de eficiencia energética de la máquina frigorífica, disminuyendo el consumo de energía preciso para su accionamiento, en ocasiones hasta un 20%.

Si se dispone de un caudal suficiente, puede emplearse esta agua para preenfriar el aire exterior preciso para la ventilación, con lo que además de mejorar la eficiencia de la máquina frigorífica, se consigue reducir la carga térmica demandada. En invierno también puede utilizarse el agua para precalentar algo el aire de ventilación, si las condiciones exteriores son muy rigurosas.

El agua utilizada puede evacuarse al alcantarillado público o devolverla al acuífero mediante un segundo pozo, manteniendo un caudal constante en el pozo de extracción.

La mejor eficiencia de la máquina frigorífica, así como el ahorro que supone el precalentamiento o preenfriamiento del aire exterior, determina unos plazos de amortización entre uno y tres años.

5.- ENFRIAMIENTO DE LAS LUMINARIAS.

La energía consumida por las luminarias se convierte íntegramente en calor sensible, a la razón de 860 kcal/kwh, cualquiera que sea el tipo de fuente luminosa: lámpara incandescente, tubo fluorescente, lámpara de vapor de mercurio, etc.

Cuanto mayor es el porcentaje de radiación visible que corresponde a la potencia total emitida por la lámpara, tanto menor será la potencia instalada que se precisa para alcanzar un nivel de iluminación definido.

La lámpara fluorescente consiste en un tubo de descarga de gas, cuyas paredes interiores están recubiertas por una sustancia que absorbe la radiación ultravioleta y emite posteriormente luz visible. La emisión de radiación ultravioleta aumenta con la densidad del gas contenido en el tubo, por lo que la proporción de luz visible emitida por un tubo fluorescente aumenta al disminuir la temperatura.

De esta forma, al refrigerar las luminarias, se puede disminuir la potencia instalada para el alumbrado, sin detrimento del nivel de iluminación conseguido y generando un importante ahorro energético.

Con ésta disposición y si los conductos de retorno están debidamente aislados, aproximadamente un 50% del calor disipado por la luminaria se extrae del local con el aire de retorno, disminuyendo la carga térmica de éste.

Una segunda fórmula para poder enfriar la luminaria, es el empleo de agua, que se hace circular por un intercambiador de calor de tipo plano, con lo que se consigue disipar hasta un 70% de la potencia de la luminaria.

El enfriamiento por agua de las luminarias permite reducir drásticamente la carga térmica de los locales, con un importante ahorro de energía en su refrigeración. Además el agua de enfriamiento constituye una fuente de energía residual que puede recuperarse mediante un intercambiador de calor.

6.- RECUPERACIÓN DE ENERGÍA.

La recuperación de energía en la edificación se puede realizar de dos. Formas:

a) Recuperación de energía del aire de expulsión.

Es una manera de transferir energía entre las corrientes de aire de expulsión y de ventilación.

Durante los días más calurosos del año, la entalpía del aire exterior es normalmente más grande que la del aire de expulsión por lo que puede preenfriarse el aire exterior por intercambio entre las dos corrientes. Algo similar sucede durante los días más fríos, sólo que en este caso el aire de expulsión tienen un contenido energético mayor y permite precalentar el aire de ventilación.

La transferencia energética entre ambas corrientes de aire puede efectuarse directamente, mediante recuperadores estáticos, rotativos o de tubos de calor, o indirectamente por transferencia aire-agua-aire, o por bomba de calor.

b) Recuperadores estáticos.

Son intercambiadores de chapa galvanizada o aluminio anodizado, en los que los flujos de aire circulan en contracorriente o cruzados. De esta manera hay una mayor transferencia energética.

Con estos recuperadores se logra sólo la transferencia de calor sensible, a menos que la temperatura de uno de los dos flujos se inferior a la de rocío del otro, en cuyo caso tiene lugar la condensación de humedad, pudiéndose recuperar calor latente y aumentar el riesgo de corrosión.

La característica más significativa de este recuperador es que no cabe posibilidad de mezcla entre las dos corrientes de aire, evitándose así la posibilidad de mezcla entre las dos corrientes de aire, evitándose así la posible contaminación del aire fresco.

c) Recuperadores rotativos.

Son tambores cilíndricos que contienen un lecho de material muy poroso y que, al girar alrededor de su eje, presenta una zona de dicho material de relleno alternativamente al flujo de aire de expulsión y al aire fresco exterior.

Este recuperador tiene una eficiencia mayor que el estático, permitiendo un intercambio de calor latente entre ambos flujos cuando se da un tratamiento especial a la superficie de contacto que la hace higroscópica. Este recuperador no impide la posible contaminación del aire exterior fresco con aire de expulsión, por lo que no debe emplearse en aquellos casos en que sea importante el mantener la pureza del aire, como por ejemplo en la climatización de hospitales.

d) Recuperadores isotérmicos.

El tubo de calor es un dispositivo que permite que dos sistemas, que se encuentran a temperaturas próximas, intercambien flujos de calor considerables a través de pequeñas superficies de intercambio.

En principio, en el caso del aire, la transferencia se refiere sólo a calor sensible. Por el contrario, si el aire caliente cede calor hasta enfriarse por debajo de su temperatura de rocío, se produce una condensación y el calor latente es también transferido al aire frío, que aumenta su temperatura pero no su humedad; es decir, hay una recuperación de calor sensible y de calor latente, pero ambos en forma de calor sensible. De este modo, en invierno, la temperatura del aire fresco exterior puede experimentar incrementos hasta de 15º C, y en verano de unos 8 ó 10º C.

Se recomienda durante la operación estival el enfriar previamente el aire de expulsión en un lavador con lo que se obtiene un mayor preenfriamiento del aire exterior del aire exterior sin aumento alguno de su humedad absoluta.

El tubo de calor es un tubo metálico, normalmente de cobre, cerrado en sus extremos y normalmente provisto de aletas anulares sobre su superficie exterior. La superficie interior está recubierta de una capa de material absorbente, por ejemplo cobre poroso, mientras que el núcleo central hueco contienen un fluido condensable refrigerante.

En el extremo caliente del tubo, el líquido que llena los poros de material absorbente se vaporiza y el vapor así formado se difunde hacia el núcleo central hueco. En el extremo frío el vapor condensa y el líquido así formado penetra en al material absorbente, difundiéndose hacia el otro extremo por capilaridad. De este modo, se origina una transferencia de calor desde el extremo caliente del tubo hacia el frío, siendo su acción esencialmente independiente de la orientación espacial y de las fuerzas de gravedad.

El fenómeno se puede comparar con la transferencia de calor entre dos focos térmicos conectados entre sí por medio de una varilla metálica por conducción a través de la misma. Sin embargo la conductancia térmica del tubo de calor llega a ser unas 1000 veces mayor que la de una varilla de cobre maciza, por lo que puede conseguirse flujos de calor importantes con gradientes longitudinales de temperatura muy pequeños, es decir, en condiciones prácticamente isotérmicas.

El recuperador de calor empleado para el intercambio energético entre el aire de expulsión y el aire fresco exterior, está constituido por una batería de tubos de calor, dividida en dos secciones por una superficie de separación estanca. Al pasar un fluido caliente por una sección del recuperador y un segundo fluido frío en contracorriente por la otra, se produce un intercambio de calor entre ambos, sin que exista en menor contacto directo o indirecto entre los mismos y por tanto sin posibilidad de contaminación.

e) Transferencia aire-agua-aire.

Esta transferencia consiste en la instalación de sendas baterías de tubos aleteados, una en el aire de expulsión y otra en el aire exterior, conectadas entre sí por medio de tuberías y una bomba, que hace circular entre ambas un líquido calo portador, normalmente agua o una mezcla de agua y anticongelante.

La ventaja de este sistema se basa en que no hace falta aproximar entre sí los dos flujos de aire entre los que se quiere intercambiar calor, sin embargo la eficiencia del sistema es baja, especialmente durante el funcionamiento en verano.

Se puede efectuar la transferencia de calor, entre el aire expulsado y el de ventilación, mediante una bomba de calor aire-aire, obteniéndose un esquema conceptual análogo al indicado anteriormente, pero en el que el fluido calo portador es un refrigerante, en vez de agua o agua con anticongelante, y con la ventaja de que el coeficiente de eficacia de la bomba de calor puede mantenerse en valores muy altos durante todo el año, consiguiéndose eficiencias del sistema de recuperación muy altas.

f) Transferencia de calor entre zonas de un edificio.

En invierno es frecuente que en grandes edificios existan zonas que demanda refrigeración, mientras que en otras se necesita simultáneamente calefacción. En este caso es posible hacer que la máquina frigorífica utilizada para la refrigeración actúe como bomba de calor, transfiriendo el calor extraído a aquellas zonas del edificio que precisan ser calefactadas, para lo cual es preciso efectuar ciertas modificaciones en las máquinas frigoríficas. Estas modificaciones consisten básicamente en incrementar la potencia del motor que acciona el compresor, ya que al utilizar la máquina como recuperador de calor puede ser necesario emplear temperaturas de condensación más altas y por tanto se demandan mayores potencias de accionamiento.

Normalmente la potencia calorífica generada por la máquina no coincide exactamente con las necesidades de calefacción, por lo que se precisará disponer de un doble sistema de enfriamiento, que permita disipar el calor sobrante de la calefacción.

REFERENCIAS LEGISLATIVAS.

Decreto 3291/1974, de 7 de noviembre por el que establece llevar en las empresas de estructuras metálicas. Oficina técnica. Equipos de control no destructivos y Soldadores homologados.

REFERENCIA BIBLIOGRÁFICA.

Argüelles Álvarez R. (1975). *Estructura Metálica Hoy*. (T.1). Madrid.

Ministerio de la vivienda. Norma básica MV 101-109.

Normas UNE. Ensayos. Estructuras metálicas. Materiales siderúrgicos y Soldadura.

Comisión permanente del hormigón. *Instrucción EH-82 para el proyecto y la ejecución de obra de hormigón en masa o armado 1984*. MOPU.

De Andrés y R. Pomata. J.A. Aroca Lastra. S. Y García Gándara M. (1988). *Climatización II. Acondicionamiento de aire.*(Madrid).

www.ingramcontent.com/pod-product-compliance
Lightning Source LLC
Chambersburg PA
CBHW071715090426
42738CB00009B/1786